森と山と川でたどるドイツ史

從森林、山川
探索德意志的文化與哀愁

德國不思議

茂密的森林、縱橫交錯的河川、聳立在南方的阿爾卑斯山，若除去自然要素就無法談論德國千年的歷史。
作為音樂國度、環保先進國而聞名的德國，其獨特壯闊的自然景觀，竟與魔女狩獵和納粹迫害猶太有千絲萬縷的關係。

歐洲中世紀研究專家　東大教授　池上俊一◎著
作家／外交官　蔡慶樺◎推薦
林俞萱◎譯

前言

不知道各位對「德國」這個國家有什麼印象呢?可能有人會想到代表性食物「啤酒與香腸」,也有人會想到「音樂之國」「環保先進國家」或是「足球強國」。

談到德國時,我總會想到「自然」。當然,地球上不管哪個國家、地區,沒有自然人類就無法生活,也有許多國家讚揚美麗的自然景觀並實施保護政策。

但我所關注的是,德國人自古以來便與自己的「生存根本」,也就是與自然面對面,並試圖理解而不斷深入挖掘其結構。他們試圖藉由與自然融為一體或深入交流,塑造出人類的存在或文化理想姿態。

比起以國境區分的「國民」,德國更重視血脈相傳的「民族」;比起柔軟且表面性的「文明」,更重視堅固又深沉的「文化」。以理性主義為基礎的啟蒙思想沒能在這片土地上生根,而是由神秘主義、浪漫主義、有機哲學*席捲各地,這些也都是必須注意

*註:有機哲學是基於有機體(organism)的類比,來說明整個宇宙的理論。亦可指基於整體性(totality)原理來說明部分與部分,或部分與整體間關係的理論(出處:國家教育研究院)。

的重點。

德國人這樣的思考與遠見，跟他們現實中的行動與態度也有關係。從相當於德國人始祖的日耳曼人時代開始，便視森林為充滿生存糧食與生命力之地，積極在森林中進行採集與狩獵活動。在現代，也有許多人將森林浴或林中散步當作愉快的日常習慣。山也是一樣，從近代初期至近代，不僅礦業成為財富來源並支撐著經濟，山與洞穴也催生出其他國家所沒有的諸多傳說與思想。從河川來看也是相同的。

在醫療方面，人們以讓身體取回自然平衡為治療目標，在中世紀進行藥草研究，到了近代則採用溫泉理療，長久以來追求著攝取、接觸自然物質的自然療法。現代德國人愛好環保、愛好有機、家庭菜園熱潮、反核等，也都可說是自古以來與自然相處方式的現代版本。

德國人與自然的深厚關係，跟其地理環境也有相關。如位於西南部的黑森林等，整個國家境內有豐富的森林，以中部、南部為中心也有許多山地，再加上萊茵河、多瑙河、易北河等大河成為大動脈，支撐著人們的生活。

但國民性並非僅靠自然環境就能養成，從古代、中世紀開始的漫長「歷史」所帶來的影響也不容忽視。德國的前身是神聖羅馬帝國（十～十九世紀），沒有固定國境，甚至可能跨到法國、英國、西班牙，直到晚期仍是分裂成數百個邦國的狀態。十六世紀的宗教改革後，每個邦國制定各自的「國教」，使民眾失去了個人的宗教自由。其結果是無法獲得超越性的身分認同，也催生出回溯至原始日耳曼、對於「民族」的憧憬。

於是，繼承日耳曼民族血統的德國人們，超越了希臘、羅馬文化，以及基督教及其衍生出之各種制度等傳統，向日耳曼＝德國的「自然」追求身分認同。

本書希望從與「自然」相關的觀點，聚焦於形塑現在德國與德國人模樣的「歷史」。尤其重要的是森林與大地（特別是山），以及湧流於大地上的水（特別是河川）這三者，德國各個時代的政治、社會、經濟、文化、宗教，都與這樣的自然環境緊密結合發展。同時希望能藉此闡明，沒有其他歐洲國家明顯與自然有如此深厚的關係，並探討促成近現代德國人精神與生活態度之根本。

德國人與自然的深厚關係，除了有正面影響，也有負面影響。關於後者，我想光是想到在自然保護方面十分積極的第三帝國（納粹德國），同時也做出了迫害猶太人的殘忍行徑就足夠了。

那麼，該怎麼做才能避免消除漫長歷史塑造出的德國負面特質，持續發展正面的影響呢？我希望能透過回顧從起源到現代的歷史，找到一些相關線索。

目錄

第 1 章

日耳曼的森林與其支配

聖尤斯塔斯在森林中遇見奇蹟的鹿

地勢與氣候

首先，大致來看看現今德國（包括奧地利、瑞士的德語圈）的地勢與風土吧，畢竟是與「自然」產生深厚關係的基礎。

不同於隔壁法國以草原為主的土地性質，從地質還是氣候條件來看，德國都是能夠擁有豐富森林的地區。大片的蒼鬱森林與隨之生長的植物群、有豐沛水量的大河、中部與南部的山岳地帶，以及沉眠於此的豐富礦物資源，這些自然環境決定了德國農村與城市的生活樣貌，支持著產業發展，長期下來亦塑造出德國人難以改變的思考模式。

現在的德國於一九九〇年舊東西德合併後變得東西較寬，南北也略長，但不像日本或義大利般細長，而是像個凹凹凸凸的長方形。因此要介紹德國的氣候與風土，首先「區別南北」是很重要的。德國總面積為三五・七萬平方公里，實際上比日本（三七・八萬平方公里）略為狹小；人口則約八千一百萬人，同樣略少於日本，但在歐洲僅次於俄國，比義大利、英國、法國還多。北面有北海與波羅的海，南部則有阿爾卑斯山做為天然國界。

北部在約兩萬年前的人類史初期，整片土地受到冰河覆蓋，以形成乾燥山丘的沙地及黏質土壤的土地居多，日照不多且氣候寒冷，遍布著荒地或溼地，整體而言當然也十分貧瘠。不過，在北海沿岸的沼澤地帶，到乾燥沙地前的土地則十分沃腴，尤其連接中部的區域為肥沃的農村地帶，又因為是低地而有許多湖泊。

中部為丘陵地帶，以石灰岩及紅砂岩為主要的岩石。東側有海拔高達一千公尺的山岳，可以說是由這座山岳與丘陵地帶大致區分了德國的南北。西側有幾座山地及山脈，中央屹立著哈茨山，東側從倫山到厄爾士山也連綿著多座山脈。中部的萊茵河谷與黑森低地則為自然形成的南北交通要道。

最後是南部，以向西延伸的黑森林為首有著大片森林，海拔高達一千五百公尺，主要岩石為砂岩及石灰岩。最南邊則是南德的阿爾卑斯山山麓地帶，有施瓦本＝巴伐利亞高原的波登湖等大型湖泊，並散布著丘陵，形成美麗的對比。主要景觀為溼地及廣闊的沉積平原，有平緩的丘陵及自豪的豐沃土壤。在以慕尼黑為中心城市的巴伐利亞州，境內有屬於德國阿爾卑斯山一部分的巴伐利亞阿爾卑斯山脈，擁有海拔高達三千公尺的高山，這邊則是以片麻岩、花崗岩等為主要的岩石。

除了萊茵河、多瑙河、易北河，德國還有緬因河、威瑟河、奧得河、施普雷河、魯爾河、薩勒河、摩澤爾河等大河縱橫其中，這些河川對農業、商業、工業等產業發展都有所貢獻，同時也培養了德國人的美感與對大自然的熱愛。

德國擁有廣大的森林及許多高低山脈，其間遍布著平原，還有多條大河穿梭其中，各地都可享受到充滿變化又美麗的景觀。

那麼，氣候方面又是如何呢？與其說溫暖，不如說偏涼，冬天十分寒冷。位於大西洋的海洋性氣候與東部歐亞大陸的大陸性氣候之間，也就是所謂的西風帶，不論哪座城市，夏季的平均最高氣溫約為二十～二十四度，雨季與乾季區分不明顯，全年有雨。在高山地帶等處，氣候當然更加嚴峻。

威廉・海因里希・黎耳（Wilhelm Heinrich Riehl，一八二三～一八九七年）是德國民俗學始祖之一，同時也是位記者，他將德國的地勢、河川體系、氣候、植被類型分成三大部分，再將人們的習慣、農業形式、社會生活、信仰型態等與地理環境結合，以自然史般描述出各種類型的德國人。

我並不認為氣候風土有這種決定論般的影響，但也認同做為社會、文化，甚至是歷史的基礎，實在無法忽視地理環境的影響。德國人有德國人與「自然」的相處方式，在受到「歷史」定型的同時，也是創造「歷史」的根基。

日耳曼人入侵與羅馬帝國滅亡

接著先來回顧從古代到中世紀初期的歷史。話雖如此，德國這個「國家」直到十九世紀都還不存在，因此是「將來會成為德國土地的歷史」。

說到德國人的祖先就會想到「日耳曼民族」。一般認為日耳曼民族是居住於北德的印歐語系民族，約在西元前三世紀遷移南下，再分成北日耳曼人、西日耳曼人、東日耳曼人。他們在森林深處與湖泊地區建立多個部落共同生活，並為了追求更加肥沃的土地而時常移動。

約在西元前二世紀末，一部分的部族進入高盧（幾乎相當於現在的法國）、伊比利半島等羅馬帝國的領地內，兩者間的關係因而變得不穩定，但並未形成嚴重紛爭。不容忽視的是，定居於羅馬帝國內的日耳曼人們也成為羅馬士兵或農民，雙方曾和平共處。

然而，彼此間的對立逐漸加劇也是不爭的事實。西元九年，羅馬的日耳曼總督瓦盧斯率兵攻擊日耳曼人，卻在條頓堡森林（位於埃姆斯河與威瑟河之間）被阿米尼烏斯率領的日耳曼聯軍殲滅。

羅馬為了抵禦日耳曼人的入侵，建造了又名為日耳曼長城的邊牆，這條軍事防線結合了木柵、壕溝、土壘三要素而成，是連接多瑙河與萊茵河的防禦設施。約從西元九〇年開始動工，花了七十多年才終於建造完成。

羅馬帝國長期以來抵禦著日耳曼人的大規模入侵，但因內政紛亂，三世紀時，日耳曼各部族又從北歐向南部及西部移動，再加上四世紀後半，日耳曼人開始大規模移動，使羅馬陷入極度混亂之中，這就是所謂的「日耳曼人大遷徙」。因位於多瑙河以北的哥特人（日耳曼人的其中一支部族）受到東側的匈人壓迫，遂穿越多瑙河，大規模南下移動至羅馬帝國領土。

羅馬帝國在三九五年，皇帝狄奧多西一世去世後，分裂為東西兩部分。四一〇年時，亞拉里克率領西哥特人前往義大利半島襲擊羅馬，駐守於萊茵蘭的羅馬軍隊因而被召回，於是撒利族法蘭克人從萊茵河右岸的中下游流域來到這個空白地帶，各大部族彷彿撞球般紛紛移動。

單看「德國」地區，除了法蘭克人的一支部族，圖林根人、薩克森人、阿勒曼尼人、巴伐利亞人、倫巴底人等也來到了之後將成為德國的這塊土地。回頭來看羅馬，則是呈現更加混亂的局面，奧多亞克原本是西羅馬軍隊統帥，受到日耳曼傭兵擁戴，在四七六年罷黜了最後一任皇帝羅慕路斯・奧古斯都，西羅馬帝國就此滅亡。

法蘭克王國的建立與分裂

接下來，開始進入從羅馬時代到中世紀的過渡期。在割據歐洲土地的日耳曼各部族中，法蘭克人建立了法蘭克王國，對影響往後的德國與法國最為重要。

五世紀末，法蘭克王國開啟最初的王朝「墨洛溫王朝」，於初代國王克洛維一世（四八一～五一一年在位）的時代改信天主教，將版圖從萊茵河擴大至加隆河，使王國大幅成長，但之後基於諸子繼承而將國土分成四個國家。東哥特王狄奧多里克於五二六年去世後，法蘭克王國為了擴張領土而向南征服勃艮第王國，又從東哥特王國獲得普羅旺斯，整個高盧地區幾乎都處於其支配下。

各個部族分別在此時的德國國土上建立起自己的國家：薩克森人於北部；阿勒曼尼人於南部；圖林根人於中部；巴伐利亞人於東南部；弗里斯蘭人則於萊茵河河口、低地地帶。

墨洛溫王朝之後也因國家間的紛爭，以及貴族勢力的崛起與反抗，無法維持安定的統一王國，結果由東邊國家（奧斯特拉西亞），透過宮相（Hausmeier）職位加強實權的丕平一族掌握了霸權。約六七九年成為宮相的丕平二世的兒子，即為知名的鐵鎚查理。接著在七五一年，鐵鎚查理的兒子丕平三世（矮子丕平）發動政變，結束墨洛溫王朝。

丕平三世所開啟的加洛林王朝，在鐵鎚查理的孫子——查理大帝（七六八～八一四年在位）的統治下有了大幅成長。加洛林王朝以查理大帝為核心，與教會及神職人員共同合作，運作、統治王國。為了改掉日耳曼習俗，使基督教滲入民間，實施的數條政策被彙整成敕令集（Capitularia），規範人民生活中所有的小細節。此外，巴伐利亞、薩克森等日耳曼部族的王國，也在查理大帝的時代歸順法蘭克王國。

八四〇年，查理大帝的兒子虔誠者路易去世後，路易的三個兒子在八四三年簽訂《凡爾登條約》，將法蘭克王國一分為三，分別繼承。長子洛泰爾一世成為義大利國王，統治中法蘭克及北義大利；德意志路易統治日耳曼地區的東法蘭克；禿頭查理則統治西法蘭克（圖1-1）。八七〇年，洛泰爾一世去世後簽訂《墨爾森條約》（*Vertrag von Meersen*），洛林地區（中法蘭克）被分割為東西兩部分。東法蘭克加上東邊的洛林地區，幾乎就是後來的德國版圖。

神聖羅馬帝國誕生

然而，暫且不談文化或宗教，法蘭克王國在政治上也僅是暫時「統一」，之後又立即呈現明顯的封建諸侯分立狀態。單看德國（東法蘭克）的部分，並沒有中央集權組織統合整個地區，只有不少從部族時代演變而成的公國。此時，馬扎爾人從東邊、諾曼人從北邊入侵，掠奪城市與教會。

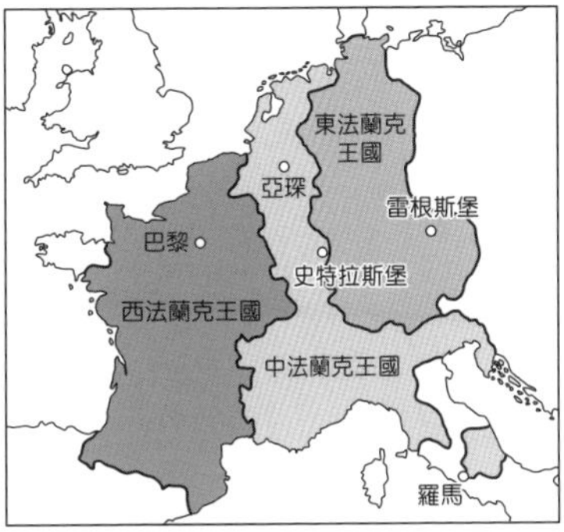

圖1-1　《凡爾登條約》（843）後的法蘭克王國

康拉德原為法蘭克尼亞公爵，在九一一年，受到部落諸侯與主教們推舉為東法蘭克國王，但他的權力十分有限。康拉德留下遺言，指定將國王權斧交給另一部族的薩克森的亨利後便死去，於是九一九年開始了薩克森王朝。有能的亨利費盡千辛萬苦抵擋南德的巴伐利亞人，並在九三三年於里亞德擊敗馬扎爾人並簽署停戰協定，藉由每年獻上貢品阻止對方的掠奪，同時在這段期間增強國家的軍事防備。

圖1-2　王座上的奧圖二世

這位亨利的兒子即為奧圖一世（九三六～九七三年在位），他是個偉大的國王，也被稱為奧圖大帝。奧圖先在九三六年成為東法蘭克國王，接著九五五年於列希菲德戰役中大敗馬扎爾人。九六二年由教宗約翰十二世加冕為羅馬「皇帝」，成為神聖羅馬帝國的領導者，因此奧圖是「羅馬帝國」（延續至一八〇六年）

的第二復興者，實際上則是「神聖羅馬帝國」的創始者（形式方面是以查理大帝的加冕為起源）。皇帝不僅繼承了羅馬皇帝的身分，同時也是基督教世界的守護者，更是基督教世界獨一無二的存在，因此皇帝擁有遠比國王更大的權威。

奧圖為了牽制反抗國王的部族勢力而與教會聯手，優待主教並給予世俗權限及職位。神職人員大多單身，所以好處在於可避免繼承紛爭，會讀寫的神職人員行政能力也十分優秀，因此奧圖對他們進行全國性的官僚化，同時將教會、修道院視為王國的財產與領地，這個體制即稱為「帝國教會政策」。

德意志的皇帝不像法國或英國採取血緣的世襲制度，而是以「選舉」為原則，這也是王國內無法消除的不安定要素。幸好薩克森王朝直到第四代子孫仍確保了帝位，不過第四代的奧圖三世沒有子嗣，一〇〇二年由亨利一世的曾孫巴伐利亞公爵成為亨利二世（王位一〇〇二～，帝位一〇一四～一〇二四年），繼承薩克森家族，在那之後便無男性繼承人，必須重新選舉。經貴族與高階神職人員選出法蘭克尼亞的康拉德後，進入薩利安王朝的時代。

康拉德（王位一〇二四～，帝位一〇二七～一〇三九年）以身為皇帝及各民族的君主而自負，但各邦國對他十分反感，甚至在皇帝南下至義大利時引起德意志諸侯的反叛。話雖如此，他若回到德國又會使義大利半島變得不穩定。在必須實施東方政策與義大利政策時，則無法安定德國境內的局勢，這是中世紀德意志皇帝的一大煩惱。

從薩克森王朝以後，羅馬「帝國」的「皇帝」都必須兼任德意志國王，教宗的權威與皇帝的權威，像是兩個焦點形成的橢圓般，直到中世紀末前一直統治著歐洲世界。

日耳曼的森林與其神話

除了擁有「帝國」這個至高權威的政治性基準軸，德國（人）還有另一條基準軸——自然。從總是以「自然」為身分認同的態度，可見其與現實中自然濃厚緊密的關係，這就是中世紀至近代德國（人）的特質。

對德國（人）而言，關係尤其深厚的自然為「森林」。日耳曼人信奉自然崇拜的多神教，認為諸神處於名為「瓦爾哈拉」的天堂，同時也是光榮戰死之士兵與英雄死後的居所。不像教會有固定的祭祀場所，他們以巨石、泉水、巨木等自然事物為崇拜對象。

法蘭克人相較之下較早皈依基督教，特別是加洛林王朝的查理大帝，以跟教會合作共同統治王國為方針，因此攻擊異教的民族，打倒頑強抵抗的薩克森人，使其受洗。他還在敕令集中攻擊異教習俗，教會當局也反覆召開大公會議及主教區教會會議，命令人們改掉日耳曼自古以來的迷信。

也有從愛爾蘭或大不列顛島來的傳教士，試圖讓日耳曼人改宗。在這個時代，德國境內特別讓人刮目相看的，是史稱「日耳曼使徒」的波尼法爵（約六七五～七五四年）。這位傳教士出生於英國，讓德國許多民族都改了宗。

人們紛紛改信基督教後，異教神殿變成了基督教教會，基督教的教義也逐漸散布各地……或許大家會這樣想，但這種「基督教化」，比起法國、英國甚至是義大利，在德國似乎就是比較慢。最大的原因，正是因為德國擁有特別大片的森林，並與居民的生活、心性緊密結合。而且這種「森林心性」在往後的漫長歷史中看似消失，卻又在近代以「德意志民族」的意識形態反覆重現世間。

試著回顧古代，羅馬的歷史學家塔西圖斯（約五五～一一五年），在其著作中描寫了日耳曼人的風俗習慣。尤其強調日耳曼人為「森林居民」，對他們敘述如下：

> 同血緣的家族會在一特定時間中，派出一些代表聚集在樹林中。這個林子在其祖先時代就因得到神啟，加上長久以來的敬畏而成為聖地。他們在那裡公開地以活人為祭，並加上野蠻習俗中令人毛骨悚然的儀式。他們平時也對此樹林崇敬有加，除非身受綑綁，以表示臣服及對神明力量的認知，否則不可進入*。
>
> 《日耳曼誌》（*Germania*）

中世紀的德國居民當然並非靠狩獵採集維生，不如說是農耕者。不過將耕種的農民與古代的「森林心性」相提並論，一點也不矛盾。對中世紀的戰士來說，森林是充滿野性力量的神聖場所，也是戰神奧丁及雷神索爾所率領的軍隊與死者軍團來往的空間。人們相信，國王及騎士們為其後裔。

特別是在德意志國王們的觀念中，認為自己的權威是從森林神聖性獲得保障，因此他們必須週期性地回到森林裡，以在那裡獲得重生。森林既是野獸、怪物盤據的恐怖之地，同時也是人類與社會為了存活並重生的孕育、恩惠之地。

日耳曼人會布置神聖的森林、進行崇敬儀式，他們當然也認為山頂、河川、泉水亦為諸神的居所而十分崇敬，但他們最為重視森林。所以承襲日耳曼人的中世紀德國人，也認為森林這個異空間不同於一般生活的世俗秩序，是由別種秩序所支配，視其為神秘的空間。

＊註：譯文引用自國立政治大學歷史學系的期刊論文〈《日耳曼紀》導論與中譯〉／周惠民譯。

神聖的菩提樹

中世紀初期（五～十世紀）的聖人奇譚中，有傳教士拚了命，砍伐異教徒視為神聖的松樹、橡樹或菩提樹的橋段。先前提到的波尼法爵，便是冒著生命危險砍倒神聖的橡樹，讓薩克森人改宗。

然而，被砍倒的樹木背後，仍殘存著無數的異教神祇。即使表面上神殿被改成教會，樹木崇拜被改成瑪莉亞崇拜或聖人崇拜，居民們形式上遵守著基督教教義，心裡的異教儀式卻未曾消失。異教的眾多神祇變得更貼近人類，大量地以「小矮人」「巨人」「妖精」等形式延續、保存了下來。

德國有一首知名的敘事詩《尼布龍根之歌》（*Nibelungenlied*，約一二〇〇／〇五年），作品中只要是攸關生死的重要場面必定會出現森林。舉例來說，英雄齊格飛被暗殺的場面，也是他在前往狩獵的森林中，飲用泉水時被長槍刺死，旁邊便有棵茂盛的菩提樹（圖1-3）。

在森林的樹木中，菩提樹特別被德國人視為神聖之樹，依日耳曼的習慣法，審判也

圖1-3　《尼布龍根之歌》中哈根用長槍刺殺齊格飛

圖1-4　被描繪成愛之樹的菩提樹

必須在菩提樹下進行。此外，菩提樹亦做為象徵德國的樹木而被歌頌。中世紀時，戀歌詩人（宮廷抒情詩人）的瓦爾特（Walther von der Vogelweide，約一一七〇～一二三〇年）創作了一首戀歌〈在菩提樹下〉，近年則因舒伯特的歌曲〈菩提樹〉（一八二七年）而變得聞名。菩提樹充滿威嚴的美貌、茂密的樹葉、長壽且芳香，連採花蜜的蜜蜂嗡嗡聲都受人喜愛，或許是基於這些優點，在中世紀便做為「愛之樹」成為男女的相會之地（圖1-4）。

冷杉及橡樹也被賦予神聖性。人們認為冷杉的樹枝可以避開女巫及免除災厄，所以常懸掛於建築物入口，至今在各方面常被論及，甚至成為繪畫題材。橡樹則是雷神索爾的標誌，被視為力量、堅忍、永生不滅的象徵，不但有詩歌吟詠，也常用作貨幣或徽章圖案。

從國王的森林到領主的森林

接著來探討德國森林從古代到中世紀的狀況。古羅馬時代的森林為非耕地＝非文明地，咸認跟屬於「文明」的城市相反，性質偏於「野蠻」，所以備受漠視。廣大的森林是公共資源，但在第二次布匿戰爭（西元前二一八～西元前二〇一年）後，木材的需求高漲，人們重新認知到森林在經濟上的重要性，於是開始將森林私有化。另一方面，雖說是公共林，但也區分成屬於羅馬人民的公共林，以及皇帝私人財產的公家森林。

日耳曼人認為森林是「無主地」，也就是「所有人都能受其恩惠，是所有人共享的空間」，但到了五～十世紀的法蘭克時代則顯現出變化的徵兆。當時發布的特權狀或法典中，已出現意為「御用林」的新拉丁文*foresta、foresta。原本意指森林的詞彙為silva或nemus，新的詞彙則是用來指國王獨占使用的森林。

不過，國王所擁有的森林，最終是委任給家臣們。也就是在封建的主從關係中，由君

＊註：指相對於古典拉丁文的中世紀拉丁文（Mittellatein）。

主授予貴族家臣或修道院皇家狩獵場權。至此，森林正式被「私有化」。

皇家狩獵場權的授予從九世紀初期開始，於十世紀後半達到鼎盛，到了一〇八〇年才漸漸衰退。十二世紀時也一度廣泛地授予，但已無鼎盛期的氣勢。貴族們接受國王贈予權利後，才能在森林裡建設城堡或修道院，因此授予皇家狩獵場權，即成為中世紀社會基礎的一種授權。

到中世紀後半，這種私有化的發展已成定型，但實際上，共同資源的「公共林」一直存在著。到了十三世紀仍有不少共有財的森林，即便是屬於某個人的森林，長期以來也一直容許人們採集要用的木頭或樹枝。在日耳曼人的法秩序下，屬於所有居民共有財的森林，在私有概念出現後依舊存在。

那麼，德國森林中生長著哪些樹木呢？做為現代建築資材，目前以種植針葉樹（雲杉）居多，在中世紀則以歐洲山毛櫸與橡樹等較多，包括以榆樹、歐洲鵝耳櫪、榛樹、白樺、接骨木、楞樹、菩提樹等落葉闊葉林為主。不僅是建築資材、薪材、木炭，森林也是能提供珍貴天然蜂蜜的地方。

這些闊葉林中棲息著各種生物，如大山貓、鹿、山豬等哺乳類，貓頭鷹、啄木鳥等鳥類，以及獨角仙等昆蟲或青蛙。雖然現在不少動物已滅絕或數量減少，但仍能遙想原本豐富的森林姿態。

森林的恩惠——火腿與香腸

圖1-5　用森林的橡實餵養豬隻

森林也是家畜的放牧地。在西北歐，尤其在德國，穀物產量貧乏，入冬後往往不足以供作家畜飼料，所以一到秋天，人們就將春天出生的小豬帶到森林裡，用山毛櫸、橡樹或水楢的果實，也就是用橡實讓牠們飽餐一頓。再將吃得圓滾滾的豬，做成醃肉或香腸（圖1-5）。

在希臘羅馬時代已出現火腿與香腸，之後傳至高盧，再廣傳到歐洲各地。在德國則是十一世紀即有相關紀錄，從出現於「Schlaraffenland（安樂鄉，人們想像中的樂土）」一來看，也可了解這塊土地的居民喜愛這種食物。德國氣候嚴寒，這兩種食物都是相當重要的保存食品，直到今日，依然是德國料理中的基本食材。

現在的德國是香腸的主要產地，以高品質與種類豐富為自豪。據說共有一千五百多種香腸，大致可分為以下三類：

- 加熱香腸　將餡料填入腸衣，經加熱完成的香腸
- 生食香腸　使用生肉製作，不加熱直接食用的香腸
- 預熟香腸　以加熱過的肝臟、內臟、舌頭、豬皮等為主要原料製成的香腸

當然各地都有不同種類的香腸，將香腸煎過再吃（如油煎香腸，或是再切薄片淋醬吃的咖哩香腸）就是德國人最愛的吃法。

後面第六章會提到，現代德國人為了不弄髒廚房，晚上都習慣吃不用開火的冷食（Kaltes Essen），因此火腿與香腸也是晚餐不可或缺的食品。總之，現代德國料理代表性食材的火腿與香腸，原本是來自中世紀「森林的恩惠」，請大家先記住這點。

狩獵文化及其演變

跟森林有關的皇家特權（君主特有的權利）之中，最重要的是狩獵權。從法蘭克時代開始，森林做為狩獵特權之地的記載開始頻繁出現於史料中。狩獵並非單純為王公貴

族的遊戲，而是身為君主的「義務」，與軍事遠征、外交使節團、貴族全體集會並列。

這或許是殘存自日耳曼國王的記憶。對國王及其人民來說，國王的狩獵是一種確保森林和平、保護居民與土地的象徵行為，君主之所以時常被強調為最優秀獵人的原因也在此。查理大帝直到死前都沒有放棄狩獵，彷彿狩獵能力就是測試其統治能力的標準。

狩獵權後來也授予貴族，在中世紀後半成為他們最大的娛樂。貴族們認為狩獵是承襲自日耳曼戰士，也是屬於個人名譽的行為。貴族的狩獵也有控制自然世界的象徵意味，因此從準備到正式開始會分好幾個階段，已成為縝密的體系化儀式。

宰殺獵物時尤其相當儀式化，這也是戰士們必須熟稔的技術。經過宰殺儀式，野獸才能變成適合人類食用的肉品，人類也才能讚頌自己對野外世界的支配。然而到了中世紀後半，這種儀式性、象徵性的要素越來越少，狩獵漸漸變成是一種特權「遊戲」。

從中世紀到近代，狩獵都是王公貴族們熱衷的活動，狩獵＝貴族活動的想法甚至殘存至今。即使是在現代，出生於歷史悠久家族的男性或政治家，

圖1-6　馬克西米利安1世獵熊

圖1-7　16世紀王公貴族的狩獵

依舊喜好利用廣大的私有地或國有地進行狩獵。更令人吃驚的是，據說曾有位前東德的元首自由使用廣大國有地進行狩獵。不過在這個森林之國，狩獵對一般人民來說，也是十分流行的普通娛樂或運動，目前約有三十五萬人取得狩獵執照，法律嚴格規定狩獵規則了。

在德國，每年大約有一百萬頭以上的麏鹿、五十萬頭山豬、五十萬隻野兔、三十五萬隻雉雞被獵捕，政府甚至規定，除了住宅區、市區、公園、墓地等處，全境國土（包括田地與放牧地）皆為狩獵範圍。野味料理（gibier）不但常見於餐廳菜單，也是一般家庭的普遍料理，真不愧是森林之國。

從地中海到內陸河川

繼森林之後，再來看看河川。前面已提到，羅馬人為了抵擋日耳曼人入侵，在多瑙河與萊茵河等大河建立名為邊牆的軍事防線。由此亦可了解，在古代末期已出現將自然分界的河川做為防衛線的概念。

除了防衛，河川還有其他重要的機能，這邊要從「商業」「經濟」的觀點來看古典時期（Antike）到中世紀的時代轉換。舉例來說，有人認為，因為七世紀時伊斯蘭勢力崛起，導致地中海沿岸的商業活動與船隻航行受阻，因此以內陸農業為主的西歐農業社會、封建世界才得以發展。但最近的普遍說法則認為並非如此單純，中世紀初期的農村與近郊的物資交易（即商業交易）已十分興盛，工藝產業也發展得相當蓬勃。

倒不如說，以往河川做為重要的軍事界限，多運用於運送軍團或物資補給，卻沒有完全做為交易路線使用的交通網絡。但從中世紀初期開始，商人藉由縱橫德國的大河（尤其是萊茵河、多瑙河等）移動或交易的活動變得更加頻繁，這是必須留意的重點，畢竟是劃分古典時期轉換為中世紀世界的重大事實。

也就是說，就像羅馬帝國將地中海稱為「我們的海」那樣，他們在經濟方面僅鎖定南方及地中海東西岸，控制遼闊的內海交易發展，所以才能擁有繁榮的文明。

當羅馬帝國滅亡，甚至是在那之前，乘風破浪的航海者、商人便已大幅減少，反而是利用內陸大河航行交易的商人逐漸增加。而大河沿岸受到這樣的交通方式影響，建立起一座又一座的城市繁榮發展。中世紀的德國，便是像這樣接受內陸「自然」之一的「河川」恩惠立足於世。

第 2 章

仰賴山川的生活

修女希德嘉的幻覺「生命起源的自然」

接下來繼續回顧中世紀中期到後期的德國歷史。薩克森王朝重現了查理大帝的「帝國」，中心也從法國明顯轉至德國領域，但這個王朝並不持久。如前面所述，持續四代後便進入薩利安王朝。

神職敘任權鬥爭的背景

薩利安王朝初期的一大事件，即為敘任權鬥爭。這是德意志皇帝與羅馬教宗最初的重大衝突，擂台雙方為亨利四世（Heinrich IV，一〇五六～一一〇六年在位）與格列高里七世（一〇七三～一〇八五年在位）。

前者的父親亨利三世，繼承前王朝的帝國教會政策，在保護修道院的同時與羅馬教宗緊密合作，致力於改革運動。然而，隨著教宗權力不斷增長，教會開始對世俗權力介入聖界感到反感，因此在其兒子亨利四世的時代，掀起了神職敘任權（任命神職人員的權利）的鬥爭。

亨利被教宗格列高里開除教籍，也就是被解除家臣的忠誠誓約（對君主絕對忠誠並聽令從軍的誓言）後，表現出悔改之意。於是他前往義大利北部的岩山上，冒著大雪站

圖2-1　卡諾莎之行，亨利4世請女伯爵瑪蒂爾達居中調停

在卡諾莎城堡門外三天三夜，請求教宗原諒，這就是發生於一〇七七年著名的「卡諾莎之行」＊（圖2-1）。

不過在那之後，亨利反守為攻，回到德國平定諸侯內亂後，馬上又進攻義大利，逼得格列高里逃至薩萊諾。然而情勢再度逆轉，連亨利的兒子們都舉旗反抗，最後他只能黯然離世。

接著，亨利的兒子亨利五世於一一一一年登基，但敘任權鬥爭在那之後仍未結束。一一二二年，教宗嘉禮二世與亨利五世終於簽訂《沃爾姆斯宗教協定》，制定「皇帝放棄主教的任免權，但可先行指定主教」的妥協方案。

話又說回來，為什麼德意志皇帝（國王）能夠介入基督教會的人事事務呢？其實，國王在德國被視為神聖人物，而非一般世人。皇帝也自認為是基督教世界的最高祭司，因此指導教會或神職人員並致力於改革是理所當然的事，如今被指責是「世俗權力的介

＊註：亦有被譯為卡諾莎之辱。

入」，實在讓人意外。

當德意志國王＝神聖羅馬帝國皇帝，這種神聖性一方面可解釋成來自基督教的教誨（《聖經》），另一方面則是日耳曼信仰的自然神聖性所賜予。這是德國歷史上權威、權力所帶有的特殊神聖性。

在亨利四世陷入敘任權鬥爭的同時，為了對抗封建諸侯割據，除了教會政策，又追加實施帝國服役騎士（Ministeriale）政策。這策略是將直屬於皇帝之非自由身分（相對於居住在自由地，能參與公共制度並形成共同社會的自由民，非自由身分是指在領主制度的支配下，被課徵賦役，無法擁有居住選擇、結婚、繼承等自由的人們）的服役騎士，置於國王＝皇帝直轄領地之下，由其負責管理、運作，藉此擴大領土。但貴族們紛紛反對，不服從皇帝。結果，無法建立起支持皇帝權力的領域性、組織性制度，聖俗諸侯分別確立、統治各自的領地。這種影響持續到現代，促成德國地方分權的政治制度。

在由選舉決定王位、皇位的制度下，皇帝的權力逐漸弱化。薩利安王朝隨著亨利五世的死亡（一一二五年）結束後，有選舉權的主教與諸侯們，選出蘇布林堡的薩克森公爵，以洛泰爾三世（若指羅馬皇帝為二世，兼義大利國王則為三世）之名繼承帝位。雖然他在臨終前指定自己的女婿，也就是巴伐利亞兼薩克森公爵的驕傲者亨利做為繼承人，但諸侯們不喜歡這個驕傲自大的男人，於是選出霍亨斯陶芬家的康拉德，以康拉德三世之名（一一三八～一一五二年在位）繼承帝位。由這些過程也可得知，比起皇帝的遺志，選帝侯（Kurfürst，可選出皇帝的諸侯）的權力更大。

那麼，為什麼不是以血緣，而是用選舉來決定國王呢？因為這是從舊日耳曼時代以來的慣例。原本在德意志王國（帝國），國王會先跟諸侯們協商，讓他們選出自己的兒子做為共同統治者，自己死後由兒子順利繼承王位，因此實質上是世襲王制，但當選帝侯權力過大就行不通。再加上之後的「王位空窗期」，血統權漸漸失去效力，變成純粹的選舉王制。

圖2-2　腓特烈1世（巴巴羅薩、紅鬍子）

想當然爾，每經一次選舉，國王的實質權力就變得更弱，被諸侯們玩弄於股掌間。這也是德國之所以不同於法國、英國、西班牙，直到近代都無法建立統一、強大國家的原因之一。

康拉德三世死後，其侄子腓特烈一世（巴巴羅薩、紅鬍子，一一五二～一一九〇

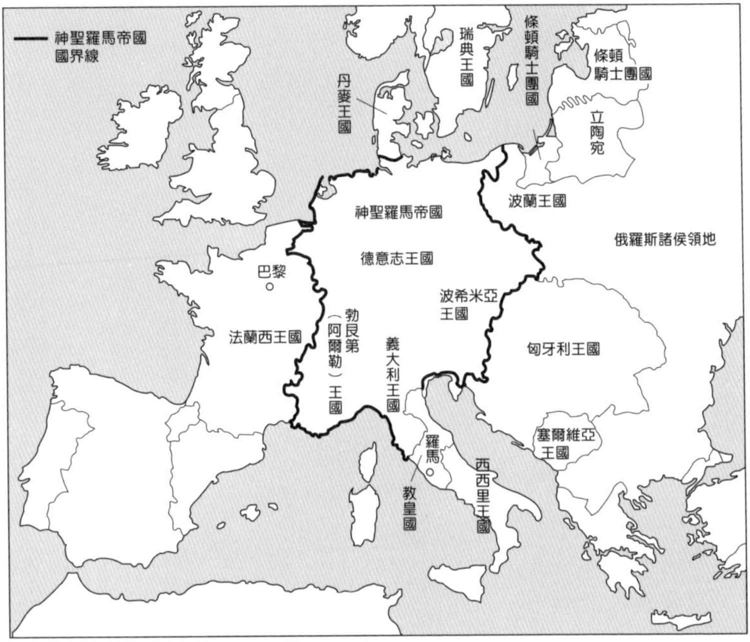

圖2-3　腓特烈2世時代的歐洲

年在位）受到諸侯薦舉登基。腓特烈處理完義大利的各種問題後，接續處理巴伐利亞公爵獅子亨利（母方的表兄弟）反叛等國內問題。之後腓特烈發起第三次十字軍東征，他打算為基督教奉獻、讓人生圓滿落幕時，卻在基利家的塞萊弗河溺斃。

腓特烈一世死後，兒子亨利六世也英年早逝，使德國陷入一片混亂。接著韋爾芬（Welfen）家族的奧圖四世與亨利六世的弟弟菲利浦分別加冕為王，演變成兩個皇帝的局面。結果菲利浦遭暗殺（一二〇八年）後，教宗英諾森三世為了對抗奧圖四世，擁戴亨利之子腓特烈（二世，一二一五～一二五〇年在位）為王。趁奧圖四世在布汶戰役（一二一四年）中輸給法蘭西國王菲利普二世，腓特烈於亞琛加冕為王。

腓特烈雖然是有學識的傑出人物，但與教宗刀刃相向，將兒子亨利七世立為德意志國王，自己則在西西里統治著義大利。

朝向邦國分立時代

在腓特烈二世幾乎沒回來德國的期間，德意志諸侯們便得到王權——關稅徵收權、貨幣鑄造權、築城權、審判權等等——，他們強勢地統治各自的邦國，致力於開墾或城市建設。

康拉德四世於腓特烈之後繼承王位，但他在一二五四年去世後，德國便進入王位空窗期（一二五四～一二七三年），持續了一段沒有君主的時期。彷彿回到了皇帝統治前的「部族時代」，古代根植於地方的連結便浮上了檯面。

薩克森、施瓦本、洛林、法蘭克尼亞、巴伐利亞，光看這五個部族公爵領地，就能

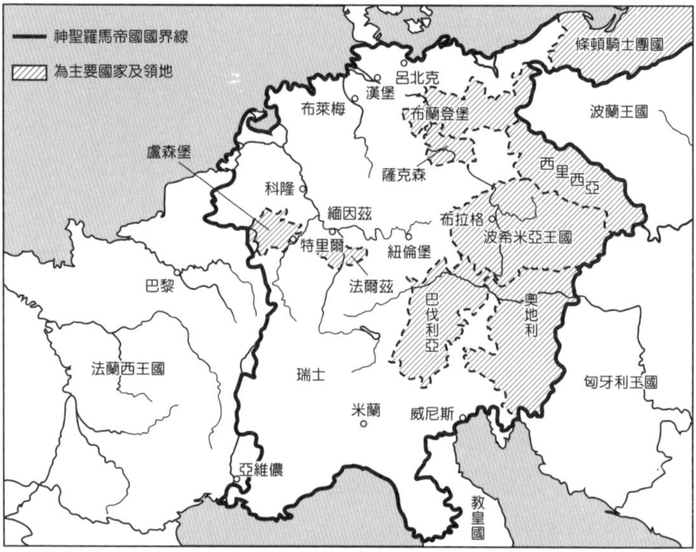

圖2-4　14世紀的德國

了解以前這些部族在民族大遷徙時來到此地的根源。有別於查理大帝合理的制度改革、基督教化與中央集權——法國即是確實地走在這條路上——，這也象徵了德國正朝相反的方向前進。

就這樣，邦國（Land）由相當於「邦國內皇帝」的邦國君主徹底統治。在現代德國，獨立的邦於司法、教育、行事曆等方面擁有較大的權限，跟這樣的歷史也有很大的關係。

也就是說，神聖羅馬帝國雖然從十世紀的奧圖一世時代開始，一直持續到十九世紀初，但其強大威權僅到十三世紀。十三世紀後半，徒留形式的神聖羅馬帝國之下，變成各個邦國、城市分立的邦聯制，在接下來的六個世紀，這種狀態一直持續著。

王位空窗期之後，一二七三年，哈布斯堡家族的魯道夫一世（一二七三～一二九一年在位）被選帝侯們選為國王，成為第一位來自哈布斯堡家族的國王＝皇帝。

哈布斯堡家族原有的土地僅瑞士西北部及上萊茵地區，在魯道夫的時代收復奧地利，並得到施泰爾馬克。之後哈布斯堡家族與盧森堡家族爭奪繼承權，連教宗跟法國也牽扯其中，局勢錯綜複雜。

這個長期鬥爭，在一三四六年選帝侯選出波希米亞國王的兒子——盧森堡家族的查理四世（一三四六～一三七八年在位）後暫告結束。查理四世在身為波希米亞國王的基礎上，鞏固了德意志國王的王權。一三五六年，他頒布知名的《金璽詔書》，承認邦國統治者的至高權力，指定七名選帝侯，並給予特權，明文規定選舉制度。在他的統治下，德國的政治久違地恢復了活力。

然而盧森堡家族的統治也不持久，在查理四世的兒子文策爾與西吉斯蒙德之後，再度由哈布斯堡的阿爾布雷希特二世（西吉斯蒙德女兒伊莉莎白的丈夫）繼承帝位。

在那之後，神聖羅馬帝國長期由哈布斯堡家族統治（實質世襲）。阿爾布雷希特二世登基第二年去世後，由腓特烈三世（一四四〇～一四九三年在位）繼承，但他沒有才幹，還在任內喪失領土，對政治與宗教改革也毫無興趣。

中世紀的農民概況

接著來看看在整個中世紀，占有德國人口大半的農民。五～十世紀的法蘭克王國時代，莊園可分為領主直營地與農民保有地。即使是自由身分的農民，也必須在一定期間到領主直營地服勞役並繳交租稅，非自由身分的農民則必須一直在直營地上勞動。一開始都是粗放農業，收成相當有限，但經改良農業技術，開發出能翻動硬土壤的有輪重犁，同時改善水車，也逐漸改變了土地利用方式與家畜飼養方式。

到了中世紀盛期（十一～十三世紀），人口遽增、城市繁榮，貨幣經濟變得普遍，使得農業經濟也大幅成長。這對農民們相當有幫助，不僅在莊園領主直營地的勞役大幅減少，大多改以貨幣繳交地租，須向領主繳交的稅金（租稅）也漸趨固定，農村社會亦獲得一定的自治權與審判權。

圖2-5　農民向領主繳交租稅

此外，耕地增加了，二田輪耕制改為三田輪耕制，增加了作物的種類，除了以小麥、黑麥、大麥、燕麥等麥類為主，還種植了豆類等，如此即可解決天候不良導致的歉收問題。中世紀後期開始，為了釀造啤酒而大量栽培啤酒花（蛇麻），也可說是德國才有的情景吧。

農業經濟的進步，穀物價格也隨著需求增加而上漲，這些對農民都十分有利，但能否靈活利用這股趨勢，產生了極大的落差。尤其是在葡萄栽培區域與城市近郊更加速財產的累積，使階層分化更為明顯。

中世紀後期，十四～十五世紀時農業生產衰退、人口減少，再加上農產品價格下跌，使農村出現很大的變化，廢村也多變多。特別是一三四七～一三五〇年爆發了黑死病，蔓延整個歐洲，至少奪走三分之一的人口，各地到處都是屍體，甚至隨處可見拋下家人落荒而逃的人們。

東向移民運動的必要

實際上，農民也多受惠於森林。中世紀盛期，比起領主權，村落社會的權力一口氣倍增時，農民們也一同得到使用森林的權利。此外，藉由砍伐森林、開墾土地並遷移入住，則能得到自由的身分與特權。其中最大規模的拓殖，即是往易北河（與薩勒河）東側的「東向移民運動」。

遠至易北河對側開墾新土地，不僅改變了部分中世紀農民的生活，這塊土地日後也與南邊的奧地利並列，成為德國統一運動的北部中心，因此可說是一大重要事件。但話又說回來，國界到底在哪裡？從哪裡到哪裡是德國？既模糊不清又不斷增減、改動，定不下來……這也是讓整個德國歷史有別於其他歐洲各國的原因。

這是德國的弱點，同時也是優點。雖然北邊面海，南邊有阿爾卑斯山區隔他國，但東邊與西邊呢？若向西前進，會與法國發生利益衝突。法國主張「天然國界」，一直以來都希望以萊茵河做為國界，但德國視萊茵河為己物，十分堅持西側地帶也屬於德國領土，埋下了日後德法紛爭的火種，也就是阿爾薩斯－洛林領土爭議。

相較於會跟法國起衝突的西邊，東邊則是未開發地區。而且德意志國王在實施義大利政策的同時，也可藉由東方政策維持王權。因為一旦人口增加需要新土地時，將該地的開發管理交給有力諸侯負責，就能抑制人民的不滿。

易北河原本就是德國與東邊未開發地區的界線，直到約九世紀，斯拉夫人都住在這些地區。德國人是從十世紀開始進行發展，於九六八年設置了馬德堡大主教區做為前進東邊的據點，到了十二世紀才真正開始進行拓殖。易北河流域雖然山地少、有廣闊低地，但土地貧瘠，不適合發展農業，所以這裡的拓殖必須與大自然、土地搏鬥，要開墾荒地、改良土地才能種植農作物。在拓殖的過程中，斯拉夫人被趕出了這片土地。

一般認為，拓殖與占有領地的過程主要由當時的農民、工匠或是商人們進行。農民的人數非常多，應該是為了逃離領主制的壓迫而希望前往東邊的新天地吧。當時也有負責引導他們的拓殖承辦人（Locator）。騎士家中排行次男以下、無法得到廣大領地的騎士們也前往東邊，得到土地就開始招募農民。此外，布蘭登堡侯國將易北河與奧得河之間的區域**德意志**化，並更往東邊擴展。

修道院的動作也不容忽視。熙篤會修道院首先開始行動，從十二世紀前半～十四世紀前半，邊建立據點邊推行開墾、開拓。最為重要的，就是一一九〇年為了守護聖墓而設立的條頓騎士團，在第四代總團長赫爾曼・馮・薩爾察（Hermann von Salza）的時代，他們侵略波羅的海沿岸的普魯士，趕走原住民拉脫維亞人、立陶宛人，支配了廣大的區域。

條頓騎士團國位在比布蘭登堡侯國更東側，其統治一直持續到一五二五年，因宗教改革而世俗化，變成普魯士公國。之後布蘭登堡侯國（選侯國）與普魯士公國合併成為普魯士王國，並在一八七一年促成德國統一。

在這個以東向移民運動為主（十二世紀半～十四世紀末）的期間，德國的居住領地與語言區域擴大至三分之一以上，不但人口增加，穀物產量也有所提升。德國人就這樣擴散至易北河以東的波羅的海沿岸（普魯士、波美拉尼亞、梅克倫堡、布蘭登堡），以及原本斯拉夫人的居住地，即現代的捷克、斯洛伐克、波羅的海三小國、羅馬尼亞、匈牙利、俄國邊境附近。

割據山地與建城堡的領主們

德國世俗社會的統治階級為貴族，他們以領主的身分統治著農民們，而這種統治又以城堡為中心。依城堡所在地可分為幾種類型，首先是為了防禦外敵而在險峻山地建造的山上城堡，能從山上的要塞瞭望四面八方；接著是平地城堡，為了能支配廣大區域而建於平地；還有土壘城堡，特別用土石堆成土丘並建造於其上方。

德語區內有上千座城堡，且大多建於河川沿岸的小山上，監視著四面八方（圖

2-6）。興建這些城堡的大多是貴族，從中世紀盛期開始便成為支配土地與居民的據點。

其中薩勒河以城堡高密度聞名，沿岸有六十座以上的城堡，因為這條河長期以來都是條「邊界河川」。如十世紀時，河的西側為法蘭克、日耳曼的領域，東側則為斯拉夫人的領域。

圖2-6　薩勒河畔的古堡

興建城堡有過兩段熱潮時期。十一世紀半至十三世紀時，高階貴族、公爵、伯爵都十分熱衷於興建城堡，十三世紀半後，低階貴族、服役騎士也開始能夠興建城堡。建於森林區域的城堡，大多會劃定耕地出口處，通常能加強集中領主支配權。但實際上，領主並沒有相對的王權。也就是說，這些領主只有模糊不明的權限，卻建造了許多城堡。

因此城堡是最先被樹立的實際支配象徵，當然在互相競爭的貴族之間也會發生築城紛爭。中世紀後期，城堡就像這樣成為區域管轄的中心、官吏的居所，相對地，附近的居住地或村落就變得越來越沒有權力。於是城堡漸漸被視為支配與管理中心，人們在此

圖2-7　辛勤建設城堡的人們

進行審判等嚴肅的法律行為，同時也成為大規模集會的場所。

興建城堡並入住的所需費用相當高昂，因此不僅是為了安全、防衛而建造，也有用來宣示財富與權力的目的。到中世紀後期，貴族們不斷取得城堡及其周邊土地，擴大支配權力，興起一股壯大家族勢力的風潮。如盧森堡家族，據說在十三世紀末已擁有將近一百座城堡。

不過，對於受統治的農民而言，領主建的城堡應該是沉重的統治象徵。實際上，城堡的生活大多貧困，空間上被領主隔離、受到輕視，讓人強烈體會到社會階層的差距。

特別是領土支配權（城主懲罰權）中包含了築城賦役義務，不論何種身分的人民，皆需為了興建與維護城堡、供給食物、被監視而受到徵召。賦役的規模越大，人民就越感疲憊而無法做自己的工作。

河川沿岸的城市建設

圖2-8　萊茵河畔的施派爾大教堂

不僅是城堡，德國的繁榮城市也大多位於河川沿岸或橫跨河川兩岸，這些城市不是為了宣示財富與權力，而是為了交通便利性及商業發展而建。商人們要運送物產前往較遠的城鎮或村莊時，河川是不可或缺的交通途徑，流經森林的河川更是運送木材的絕佳通路。此外，中世紀時，運貨工具尚不發達，要運送穀物、建築資材等較重的東西時，比起一般道路，選用河川更為廉價、方便。

萊茵河沿岸有科隆、波昂、緬因茲、沃爾姆斯、施派爾、史特拉斯堡等大城；多瑙河沿岸則有烏爾姆、雷根斯堡、帕紹等城鎮。而在巴伐利亞的大城市慕尼黑，一一五七年獅子亨利於伊薩河畔的慕尼黑村建造橋樑徵收關稅，再加上鑄造貨幣、開設市場，開啟了該地的發展。

德國城市就像這般，隨著河川交通發展起來。接著大致來看看，這些中世紀城市所發揮的作用。

德國城市從薩克森王朝（九一九～一〇二四年）到薩利安王朝（一〇二四～一一二五年）逐步發展而成，雖然也有部分城市在羅馬時代已形成，但大部分都是後來建設的新興城市。從遠方而來的商人們開始定居並形成城市後，便以商人法為基礎建立城市法，在司法上擁有獨立地位。

十二～十三世紀，大城市成為商業、產業中心，城市也可區分成由領主支配、有領主代理人，或是自治的城市。城市內有商人、工匠的同業團體「行會」，制定了商業型態、商品價格、製造規範、品質管理等規則。行會是師傅的聯合團體，師傅下面還有職工或學徒。職工必須累積數年的經驗與修行，最後通過師傅的考驗，才能成為獨當一面的師傅。

商人與工匠階層促成了城市的形成與發展，但也有管理階層的服役騎士在城市內擴張勢力。他們侍奉城市領主，是非自由身分、猶如官吏般的存在，原本是擔任軍隊指揮官、徵稅人、貨幣鑄造承辦人、收稅官等職位，在城市中轉變為管理性的官吏。在中世紀城市最興盛的十四～十五世紀，據說光德國就有三千多座城市。

商業、手工業繁盛的城市，整體而言相當富裕，但政治實權幾乎是掌握在屬於城市貴族的部分家族手中。中世紀末，對於這種少數門閥的反感蔓延社會，富裕的大商人與貧困工匠間的對立更加激烈，甚至引發騷動，促成制度改革。

中世紀城市中也有許多人們備受歧視，如劊子手、鞣皮師、乞丐、流浪樂師、公共浴場業者、理髮師、妓女等，他們被視為「不名譽的人們」，受到排擠或被嚴格取締。

漢薩同盟與沿海城市

德國的重要城市不只位於內陸的河川沿岸，其實在北部沿海地區也有十分重要的城市，也就是加入北德漢薩同盟的城市群。

該同盟是為了確保北海與波羅的海各城市因商業特權所成立的聯合團體，不僅是商人組織，同時也是軍事團體，在政治方面也有很大的權力。以呂北克、漢堡等北德城市為中心，從比利時到愛沙尼亞，在鼎盛期有多達一六〇座城市加盟。十二世紀時與其說是商人組織，不如說是城市同盟，甚至在一三七〇年獲得丹麥國王波羅的海的航行自由

圖2-9　漢薩城市漢堡的港口情景

保障。

漢薩同盟的各城市互相連成交通網，活動範圍西至英格蘭、法蘭德斯，北至斯堪地那維亞各國，東至俄羅斯西北部。當時是用大型柯克船運輸穀物、木材、毛織品或毛皮、銅器、魚、鹽、奶油、啤酒、蜂蠟等物資。該同盟雖然持續到十七世紀，但鼎盛期僅在十四～十五世紀，之後因荷蘭開始進出波羅的海而逐漸衰退。

漢薩同盟支配了沿海一帶的北方商業圈，但其實漢薩城市能如此興盛，與河川也有很大的關係，因為有易北河與威瑟河注入北海、奧得河注入波羅的海，而這些河川的多條支流也會遠近交錯。此外，亦有運河連接河川，才能連結遠地貿易與內陸流通，在各地市場進行交易。十四世紀末時，開始大興土木開鑿運河。

霍亨索倫家族繼承了普魯士公國，十六世紀，該家族以布蘭登堡侯國地區為核心擴大領土的，到了十七世紀開始進軍北德一帶，更加擴張版圖。十七世紀後半之後，隨著領土擴張，他們將河川與運河進行統一性的交通整備，這也為漢薩城市提供了廣闊的銷售通路。

阿爾卑斯山與隘口

前面已說明過，德國中世紀的河川在交通、經商方面有絕大的重要性，不過當然也有陸路可使用。然而除了部分道路，大部分都是未經鋪設的崎嶇道路，若要穿過森林，則必須擔心是否會迷路或遭盜賊襲擊，想找到安全的路並不容易。會使用陸路的有商人、使節，或是前往遙遠聖地巡禮的教徒們，冒險騎士或貴族們也會騎馬前往。

在德國有條特別的陸路連接至義大利，就是穿越阿爾卑斯山的道路（隘口）。我想不用說也知道，阿爾卑斯山是分隔歐洲南北的大山脈，一般會說「阿爾卑斯山這一側」或「阿爾卑斯山那一側」，在羅馬時代與中世紀是區分義大利半島與大陸文明的分水嶺。雖然現在阿爾卑斯山分屬於法國、瑞士、義大利，但與德語圈相關的歷史十分漫長。

對德意志皇帝來說，這條道路、隘口具有特別的意義。為了加冕儀式，以及確認義大利為帝國領地，皇帝有義務要週期性地穿越阿爾卑斯山前往義大利。在許多能穿越阿爾卑斯山的隘口中，德意志皇帝（國王）與其軍隊最常使用的是伯倫納隘口。

自九六二年奧圖一世加冕為皇帝以來，德國與義大利在政治上的連結更為緊密且來往頻繁，與其說阿爾卑斯山是阻隔義大利與北方世界的高牆，不如說是結合教宗與皇帝、整個基督教世界的重要羈絆。

從加洛林時代開始，為能更輕鬆地穿越阿爾卑斯山，在部分隘口設置了旅舍。十一～十三世紀時往來變得更頻繁，大部分的隘口都已有旅舍，甚至出現居住舒適的旅館。約在同一段時期，阿爾卑斯山沿路的莊園農民，被追加負責牽騾子的義務。十三、十四世紀開始，各地成立了專門牽騾子與運輸業者的團體，取代過去的農民。他們依固定路程收取費用，運送商品及貨物。除了伯倫納隘口，可以通行交通工具，其他所有隘口在十四～十六世紀時，都只能利用騾子或馱馬通行。

隘口附近若有河川或湖泊，運輸會方便許多，而且多虧有雪橇及多匹馱馬，即使是冬天，交通的繁忙度也不遜於夏天。因隘口的差異，有些隘口的運輸時間甚至需花費一個多月。越過阿爾卑斯山，從義大利輸出高級布料、香料、武器等，再將奴隸及金屬類用品輸入義大利。

不過對德國（人）來說，阿爾卑斯山的「意義」不只是高牆或通路。德國東西兩側也有巨大山脈如屏風般阻隔，這些高聳山脈成為德國境內普遍景觀，到了近代，已非用來穿越，而是用來攀登的對象，成了崇高的存在。

說到阿爾卑斯山之國即是指「瑞士」。這座山上的農民、牧羊人，一旦受到統治者嚴格限制，就會堅強團結反抗。與波希米亞國王鄂圖卡二世（一二五三～一二七八年在位）爭奪帝位，獲勝並成為皇帝的哈布斯堡家族的魯道夫死後，烏里州、舒維茲州、翁特瓦爾登州的農民們不斷組成反叛軍與哈布斯堡軍隊交戰，並在實質上獲得獨立。

也就是說，上述三州於一三一五年摩加頓戰役中戰勝哈布斯堡家族，隔年獲得皇帝路易四世授予「帝國自由城市」的特權狀。接著，一三五三年，三州聯盟增加至八州聯盟，到了一五一三年成為十三州聯邦，在一六四八年的《西發里亞條約》中受到國際承認，並於一八一五年的維也納會議上成為永久中立國。

森林的化身——野人

這裡要來介紹一下，顯示出中世紀德國人與自然森林深厚關係的有趣形象——野人（Wilder Mann）。「野人」是中世紀歐洲人想像中的生物（圖2-10），性情凶暴卻又十分膽小，居住在山上或森林裡，特別喜歡住在深邃的洞窟避人耳目。經常手持長棍，過著原始的狩獵採集生活。全身覆滿毛髮，以四肢爬行前進，無法說人類語言，只能發出沙啞聲，並且欠缺理性，因此不被視為人類。

他們可說是森林的化身，有時被想像成如小矮人般矮小，或是像巨人、怪物般高大。有善良親切的野人，也有惡毒的可怕野人。而且有分男女，會結為夫妻，組成家庭養育後代。

圖2-10　野人

在歐洲其他國家的文學或美術作品裡也會出現野人，在德國則是人們十分熟悉的民俗傳說。他們有時也會幫忙照顧家畜或製作起司，人們也認為，若不聽其勸告就會有不好的下場。人們還會舉辦以他們為主角的野人劇、舞蹈、遊行活動，在狂歡節或春季慶典時，甚至會有人扮成他們的模樣出沒於城鎮。

野人與小矮人、家庭小精靈（Kobold），以及其他各種妖精們也都很親近。正因為德國人對森林的偏好特別強烈，直到近代，野人仍存在於人類身旁，並在傳說或童話故事中持續流傳下去。

此外，在德國從中世紀到現代，還有全身覆滿葉子的綠人（Green Man），他們會出現在狂歡節等慶典的角色裝扮隊伍中。在手抄本的插畫中，以及一般家庭的門或櫃子上的雕刻也時常能看見他們。綠人也是野人的一種，甚至是教堂中也有他們的雕刻，在佛萊堡、特里爾、班堡、馬堡、史特拉斯堡等地的教堂都能看見他們的蹤跡。

擁有不可思議力量的修女

接著要介紹的是，對自然、森林恩惠有深刻想法的修女。她就是十二世紀的預言家，萊茵河的女先知（Sibyl of the Rhine）——希德嘉・馮・賓根（Hildegard von Bingen，一〇九八～一一七九年，本章章名頁的插畫中，被畫在左下角的人物）。她擁有幻視的能力，並以該能力做出的預言聞名，對於宇宙與人類有相當獨特的觀點。

另一方面，她對自然也有深入研究，不僅是關於自然的理念，對於現實自然的研究也有特別之處。關於後者，她對於「植物」力量的看法十分重要。她在其著作《自然學》（*Physica*）和《病因與療法》（*Causae et Curae*）中如實地顯示出其智慧根源，並而還日耳曼的傳統經驗有很大的關係。

她曾表示，「我們必須知道，自然物質含有魔法般的美德」，甚至探究到植物及其功效根植於大地的形態學（Mor Pholoie）。她亦針對東方與西方植物，配合季節氣候、大氣之靈與古代諸神的活動期間，說明了何者在醫藥上有強大功效，有助維持、恢復健康，以及何者是危險的。

她也以植物為藥方，開出疾病的預後、預測、診斷處方藥，在這方面她主張綠色生命力（Viriditas）的概念。所謂的「綠色生命力」，是指植物所蘊含的自然物質與特性，能提高身體對疾病的治癒力。對希德嘉來說，綠色不僅單純指顏色或性質，而是擁有實體，對身體有強大效用。

綠色生命力的源頭即是大地的分泌物（體液），藉由水跟陽光變成葉子、花或果實，並帶給人體恩惠。在希德嘉的思想中，這種綠色生命力為健康的中心概念、附加性的創造原理，亦是一種「恢復年輕的力量」。若以更廣闊的論點來看，綠色生命力可說是承襲了日耳曼的多神教與自然宗教，是對於森林與大地的讚美。

順帶一提，現代德國人雖沒有受到希德嘉的影響，依然害怕抗生素等化學藥劑的副作用，因而自然療法大受歡迎。在藥局、天然食品店中，藥草與各式湯藥琳瑯滿目。針對腸胃疾病、感冒、體寒、神經失調等症狀調合而成的天然藥物中，仍存在著中世紀以來的傳統，也就是對綠色生命力的信賴。

第 3 章

宗教改革與自然魔力

人們在礦山工作的情景

在德國歷史上，「宗教改革」是將時代劃分為中世紀與近代的一大事件。該事件並不只是宗教層面上的大變革，在當時政治勢力與社會階級衝突的背景下，也是確立國民身分制度與德國國家體制的轉捩點。

這個時代的主要產業為礦業與紡織產業，商人與工匠們厭惡老舊制度，渴望能夠自由追求利益的。由此可窺見，脫離中世紀行會生產制度之資本主義萌芽，這也促成了渴望改革的時勢，尖銳地點出羅馬天主教會的弊病。

這起宗教改革也與文化革新有著密不可分的關係。多虧有緬因茲印刷業者，古騰堡（約一四〇〇～一四六八年）所發明的活字印刷術，才能讓記載了馬丁・路德（一四八三～一五四六年，宗教改革發起者）思想的著作廣泛發行，並成為暢銷書刊。他翻譯的德文版《聖經》，在一五二三年印刷了五千本，到了一五三八年更達二十萬本，讓小本商人、手工業者、農民等一般平民皆可閱讀。

此外，羅馬天主教與新教展開了宣傳戰，大量印刷並發散手冊、宣傳單等便宜又方便拿取的讀物。受到新教理念吸引，杜勒、克拉納赫等畫家也繪製畫作協助改革運動。以德國為中心的北方文藝復興運動，便是像這樣與宗教改革同步發展。

馬丁・路德與宗教鬥爭

接著來看宗教改革的原因與結果。中世紀末發生了亞維儂之囚（一三〇九～一三七七年）、天主教會大分裂（一三七八～一四一七年）等事件，羅馬教廷受到發展中世俗國家左右而失去威信，但在文藝復興時期取回了力量與昔日光輝，並開始著手進行羅馬的大改造。然而，此舉卻同時有個不良的副作用——更加遠離福音精神的副作用。

在這樣的狀況下，德國修士馬丁・路德（圖3-1）跟隨著英國的約翰・威克里夫、波希米亞的楊・胡斯等先驅者的腳步，燃起了反抗的狼煙。一五一七年，他批判氾濫於羅馬天主教會的贖罪券是腐敗至極的產物，在自己做為神學教授教書的威登堡，他在當地教會門上貼出「九十五條論綱」，主張「唯信得救」，引起極大的反響。這個運動瞬間擴散至各地，在瑞士與法國催生出新的改革人士，將整個社會

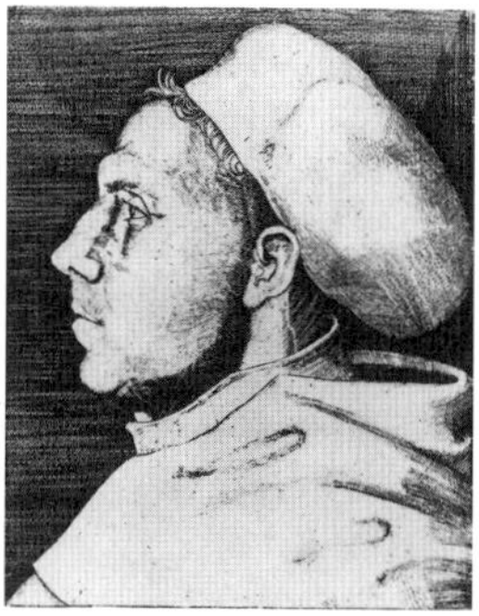

圖3-1　馬丁・路德的肖像

圖3-2　馬丁·路德的敵人（教宗與天主教神學家們）之諷刺畫

局勢一變為反抗既有秩序。

即使被教宗開除教籍，馬丁·路德也沒有屈服，而是自己開創新的教會。因北方嚴峻的自然環境，歷史尚淺的薩克森、黑森、普魯士、布蘭登堡等邦國皆改信新教，路德主義已傳播至北德、斯堪地那維亞半島，以及因東向移民運動而變成「德國」的土地。仍屬天主教的查理五世，在一五二一年於沃爾姆斯召開國會，試圖讓馬丁·路德撤回發言卻遭拒，於是判決將他驅逐出境，之後他便受到薩克森選帝侯保護。

那麼在宗教改革前後，德國國家體制與政治又歷經了什麼樣的過程呢？哈布斯堡家族的馬克西米利安一世（在位一五〇八～一五一九）是十六世紀最初的神聖羅馬帝國皇帝。他與勃艮第公爵的女兒瑪麗結婚，獲得荷蘭、法蘭琪－康堤、法蘭德斯等地，自己也為帝國各方面的改革而奔波。他改革帝國議會、帝國軍隊、帝國最高法院，並試圖實質化因邦國分立而受阻的帝國政治、外交、司法、軍事。但這些跨越邦國的組織無法完全發揮機能，之後各邦君主、各個城市依舊維持與皇帝對峙的情勢。

德國在馬克西米利安的時代不斷與法國交鋒，東邊則與匈牙利、土耳其兵戎相見。馬克西米利安的兒子「美男子」菲利浦一世（勃艮第公爵，一四八二～一五〇六年在位），與西班牙天主教兩王的繼承人胡安娜*結婚，其子卡洛斯因祖父與父親相繼去世，倉促間以卡洛斯一世的身分繼承西班牙王位。卡洛斯一世於一五一九年被選為神聖羅馬帝國皇帝，成為查理五世（一五一九～一五五六年在位），到了一五三〇年於波隆那受教宗加冕時，哈布斯堡家族已建立橫跨德國、義大利、西班牙及新大陸的世界帝國。

查理五世數次與法國的法蘭索瓦一世於義大利交戰，並於一五二九年簽訂《貴夫人和約》（*Friede von Cambrai*）。查理五世十分重視來自羅馬帝國的天主教理念，因此於德國西南部的城市施派爾召開帝國議會，打算阻止宗教改革，但受到五名帝國諸侯及十四個帝國城市反對。他們於一五三〇年組成諸侯聯盟（施馬爾卡爾登聯盟），對抗皇帝與天主教會，而皇帝則於一五三九年與天主教諸侯組成紐倫堡聯盟反制。

天主教以召開特倫托大公會議（一五四五～一五六三年）為助力，積極推動自我改革，但同時也箝制拒絕參加大公會議的新教，所以即使皇帝在施馬爾卡爾登戰爭

*註：胡安娜為卡提亞女王（一五〇六年起），同時也是亞拉岡女王（一五一六年起）。

（一五四六～一五四七年）中以壓倒性的軍事力量戰勝新教，邦國君主們不分宗教，紛紛害怕獨立權力可能遭裁減而更加抗拒，結果皇帝欲強化統治權的嘗試終告失敗。

邦國教會的誕生

斐迪南一世取代失意的哥哥查理五世，所簽訂《奧古斯堡和約》（一五五五年），認同帝國內的兩宗派——天主教與路德教派——為合法宗教（不包括喀爾文教派、茲文里教派、再洗禮派），並規定「教隨國立（誰的地區，就信誰的宗教）」。個人無信仰自由，是僅由三百多位邦國君主及帝國城市當局決定（＝邦國教會）。

如此一來，新教便擁有與天主教對等的權利，但也因此讓德國陷入無法挽回的分裂，不僅是帝國，連王國也變得徒具形式。

而且實際上，簽訂《奧古斯堡和約》後並沒有化解了宗教對立，在那之後，依舊衝突不斷。雙方各自組成新教聯盟（一六〇八年）及天主教聯盟（一六〇九年），背後則分別有西歐的喀爾文教派勢力（尤其是荷蘭）與天主教盟主的西班牙撐腰，因此這不單是德國的問題，同時也是波及鄰國、導致國際紛爭頻繁發生的原因。

歷經宗教改革與戰爭後，德國建立了以宗教為基礎的邦國體制。各邦國做為「近代初期國家」，在內部推行中央集權，培養君主左右手的官僚，整備行政組織。為了讓人民服從，尤其必須確立神職人員、貴族及自治城市等特權身分（等級制），在婚姻、家族、學校等方面積極實施宗教、道德教育以加強管制，另一方面亦推行貧民救濟、流浪者對策及社會福祉。邦國君主們藉由掌握宗教來強化自己的權力。

德國農民戰爭與自然

話題回到馬丁・路德。農民們長年遭領主壓榨剝削，他們從馬丁・路德的改革看見希望的曙光。即使城市繁盛，商人享受財富，農民的生活依舊困苦。因此在十五至十六世紀間，為了恢復「傳統權利」，各地陸續發生農民起義，其中規模最大的是一五二四～一五二五年的「德國農民戰爭」，包括德國南部、奧地利與瑞士，皆爆發大規模且頻繁的動亂。

聖俗諸侯們來不及做好準備，被農民軍燒掉城堡、占領修道院，極為狼狽不堪。但最後以施瓦本同盟最高指揮官，瓦爾特堡的格奧爾格三世（Georg III, Truchsess von

Waldburg）*所率領的軍隊為首，諸侯軍加強攻勢，從一五二五年四月到一五二六年春天陸續擊敗農民軍，據說約有七～十萬名農民被殘殺。

其實這起農民戰爭，也與自然大有關係，因為發起地為德國西南部的森林地帶「黑森林」，隨後擴散至南德高地與瑞士，甚至德國中部。一五二四年六月二十三日，黑森林的圖林根方伯國的農民發起行動，接著出現黑森林—黑高農民團（Schwarz Wald-Hegau）、阿爾高農民團、波登湖農民團、巴爾德林根農民團、巴登侯國農民團、布賴斯高農民團、阿爾特多夫農民團、阿爾薩斯農民團、陶伯河谷農民團、內卡河谷—奧登瓦爾德農民團等，各地組成了許多農民團。從地理上來看，這些都是高地、河谷、高山森林地區的農民，可以說山岳地帶的農民比平地農民還具有革命性吧。

圖3-3　襲擊農民的傭兵們

另外，針對農民的狩獵禁令及狩獵動物保護問題也是一大重點。一五二五年三月，農民提出「十二項要求」，彙整出上萊茵地區及上施瓦本地區農民的不滿，並在兩個月內出了二十五版，共印刷約二萬五千本，帶來極大的影響。農民們希望可廢除什一稅、廢除農奴制、確保村子對神職人員的任免權，以及保障狩獵捕魚權。

舉例來說，第四項提到貧窮農民沒有狩獵、捕魚的權利並不合理，因此要求解除禁令，並控訴因領主保護狩獵動物，使農作物遭啃食而讓農民陷入苦境。第五項則與森林相關，主張公共林的砍伐權應歸還於村落社會，並應配置森林守衛人員。

布羅肯峰的傳說

在這個時代，跟山有關的傳說、民俗信仰更加散布於各地。礦業的興起使人類與山有更多接觸，但仍認為大自然的威脅不可小覷，是處於過渡期的時代。人們認為每座山都各有山靈，發生礦坑事故時會救出被埋在地下的礦工，或是山上的岩石是會分泌水分或養分的母胎，養護著進入大地胎內工作的礦工等，民間流傳著許多軼事。

＊註：Truchsess 為 Waldburg 家族世襲的官職名稱，原為掌管御膳。

也有特別被視為冥界的山脈。譬如位於奧地利薩爾茲堡附近的溫特山內部為洞穴，人們認為裡頭有教會、修道院、宮殿、庭園、金銀泉水，並有小矮人在外面守衛。這出現在格林兄弟寫的《德意志傳說》（一八一六、一八一八年）中。

此外，基弗霍伊澤是坐落在德國中部的哈茨山南端，處於圖林根與薩克森－安哈特邦境界的山脈，傳說紅鬍子大帝腓特烈一世（巴巴羅薩）在此地等待最後的審判到來。前面也有提到巴巴羅薩在十字軍東征中溺斃，但人們認為他至今仍長眠於基弗霍伊澤的洞窟裡。據說他坐在石桌上長眠，鬍子不斷伸長地繞了石桌好幾圈，等待著王國再度需要自己。

這原本是其孫子腓特烈二世相關的傳說，但到了十六世紀又加上巴巴羅薩。雖然巴巴羅薩所屬的霍亨斯陶芬家族原本就十分受歡迎又有威望，但我認為，「在大自然的山洞窟裡沉眠」又為其增添了不少名望。其他還有許多類似在山裡或洞穴裡沉眠的帝王傳說。

在這個時代還有另外一種傳聞大為流行，就是結合山與女巫的傳說。哈茨山中最高的布羅肯峰，海拔高達一一四一公尺，總是籠罩在雲霧之中。人們相信每年四月三十日的夜晚，女巫們會聚集在此地，舉行崇拜惡魔的集會「巫魔會」。

在基督教以前，日耳曼或凱爾特的宗教等，為了慶祝春天的到來，會在這天舉辦慶

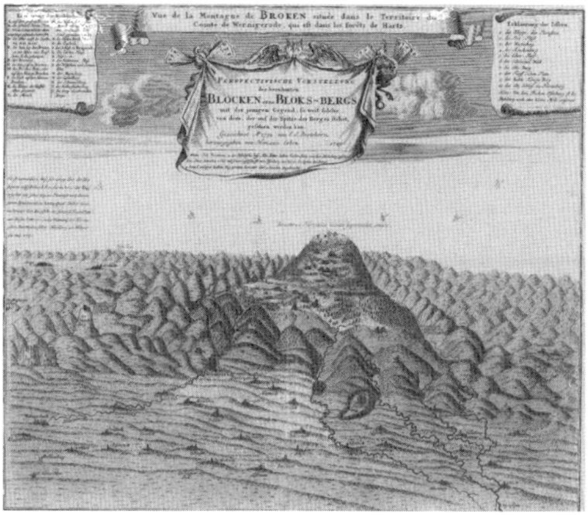

圖3-4　布羅肯峰，上空有小小的女巫盤旋

典「沃普爾吉斯之夜」。後來基督教為了壓制這些異教，因此將該日與惡魔連結，訂為女巫作亂的之日。

關於布羅肯峰與沃普爾吉斯之夜，最有名的是歌德的作品《浮士德》（*Faust*，一八〇八、一八三二年）。在第一部接近尾聲的部分，浮士德被惡魔梅菲斯特費勒斯引誘登上布羅肯峰，並在女巫們舉行的沃普爾吉斯之夜中，受其狂歡之姿魅惑，與擁有悅耳歌聲的美麗女巫共舞。

比起平地，山岳地帶催生出更多「女巫」。將於次節詳述的獵巫行動，起源於十五世紀初期的阿爾卑斯山西側（瑞士），尤其伯恩地區被認為有眾多女巫存在。

獵巫行動的真相

既然提到了女巫，本節就來談談動搖近代初期德國社會、宗教界的「獵巫行動」。此處也可窺見德國與自然的深厚關係。

所謂的「女巫」，是指十五～十八世紀，在歐洲各地被送上教會法庭或世俗法庭而受到迫害的無辜人們。這股獵巫潮集中於一五七〇～一六四〇年，雖然受害者也包括男性，但其中八成皆為女性，甚至有小孩。

圖3-5　騎著掃帚外出的女巫

之所以會引發這種迫害，是因為當社會上發生無法解釋的疾病、死亡，或是出現極惡劣天候、饑荒、害蟲問題，地位較弱的人即被視為標靶，被迫負起責任。

當時人們認為「女巫」會與惡魔締結契約做壞事，如製作毒藥向人類或動物下毒、以邪視的能力讓她注視的人生病或死亡、使穀物枯萎，還能以各種妖術、魔法讓女性流產、除去男性生殖器官、殺害嬰兒等。人們也相信，女巫每天晚上會定期塗抹惡魔給予的膏藥，騎上掃帚飛去參加巫魔會，並在那裡膜拜惡魔、食用小孩、狂舞作樂，再騎著掃帚回家，裝作什麼事都沒發生。

「女巫」通常都是被鄰居或家人告密而遭逮、接受審判。法官會依循研究惡魔的「惡魔學家」所整理的指南審問，對於固定的質問，直到回答出正確答案前，會用針刺被告人的身體進行檢查，或使用水刑、鋸腳、拔指甲等酷刑，逼迫被告人承認「我是女巫／巫師」，因此被判決有罪的機率極高。而被逼出的供詞中，還包括自己跟惡魔簽契約、與夢魔性交、去參加巫魔會，以及一起去巫魔會的親戚、朋友名字。

目前已知約有四分之三的獵巫行動及其處刑，是在以德國為中心的神聖羅馬帝國中進行，受害人共高達約三萬多人。除了緬因茲、科隆、特里爾的選侯國，其他還有主教區、條頓騎士團國等，在由教會組織掌權的地區，獵巫行動更是狂熱。

為什麼德國女巫特別多

為什麼獵巫行動在德國如此多呢？其原因可推測為，因新教與天主教對立，使信仰世界一分為二，導致人們對於靈魂救贖與世界秩序感到前所未有的不安、疑惑。另一方

圖3-6　女巫的巫魔會

面，或許也是因德國徹底欠缺中央權力，使地方權力橫行、毫無顧忌地壓迫人民，以致獵巫行動一發不可收拾。

被視為「女巫」的女性們，原本是像先前提到的希德嘉・馮・賓根般備受尊敬的對象。不但有藥草知識，有時也身兼接生婆，或是用占卜幫助鄰人。她們抵抗有反自然傾向的中世紀天主教，擴充物理、天然物質、肉體方面的知識，幫助受各種病痛折磨的人們。

女性像這樣猶如「自然」精靈的象徵，而男性則畏懼、厭惡女性的這種神祕氣質。若要探究殘酷的獵巫行動的原因，或許此一面向可作為參考。

不過，正因為德國比任何地區都親近自然，也正因為這地區催生出如希德嘉般的女性，當善惡或肯定與否定的標準顛倒，才會發生前所未見的女性迫害。

還有一個相關的主要原因：德國增強了公權力主導的紀律化，建構出「創造女巫以維持君主權力」的機制。也就是說，為維持嚴格的紀律，「守護正義的君主」的形象十分重要，因此有必須受到懲罰的壞人比較「方便」。

這種源自公權力的紀律化，在德國稱為「Polizei」（警察）。所謂的Polizei，即是指良善秩序，以及為了樹立、恢復良善秩序而進行的統治、管制活動。從十五世紀末開始，許多邦國、城市（也可說是帝國全體）皆發布警察條令，在宗教、經濟、衛生、家庭等生活各方面加以規定，藉此將身分秩序、宗教道德壓在人民身上，讓人窒息、受束縛。在德國，女巫也成了為實現正確秩序的道德糾察對象。

我認為，或許這種紀律化，也就是被視為糾察對象，以及與自然關係深厚的扭曲發展，正是近代初期德國發生慘烈獵巫行動的原因。

有皇宮坐鎮的礦山鎮戈斯拉爾

德國在中世紀後半至十八世紀，以開採礦石及相關工業作為邦國與城市的財富來源；而近代初期，德國也是礦山開拓盛期，並藉此累積了財富。在當時，礦業是能點石成金的明星產業。

過去，礦山是利用水車的動力，從淺層處將開採出的礦物運至地面，到了十二～

十四世紀技術革新後，才能建造深入地底的豎井。德國各地能採出銀、銅、錫、鉛，尤其銀的產量為世界第一，擁有礦山支配權的領主亦可藉此獲得龐大的收入。

中世紀德國最重要的礦山位於薩克森的戈斯拉爾，此處礦山亦有特別的傳說。據說薩克森王朝的國王奧圖一世在戈斯拉爾東邊的小鎮停留時，命令家臣中的某個騎士前往哈茨山打獵。但因地勢過於險峻，馬兒無法前進，他就將馬繫在樹旁，徒步去打獵，等回來時，他發現馬兒用馬蹄扒地面，結果就發現了礦脈。不過這並非史實，而是十六世紀人們編的傳說。總而言之，在哈茨山發現銀山後，國王期待能藉此獲利而保護礦山，並在戈斯拉爾設置皇宮。

十一世紀初期，薩克森王朝第五代國王亨利二世首先在這座城鎮設置皇宮，接著薩利安王朝的康拉德二世繼續建造宮殿。往後二百年間，這座城鎮變得非常重要，甚至在此召開帝國議會，到了十二世紀，皇帝腓特烈（紅鬍子大帝巴巴羅薩）與薩克森公爵獅子亨利還為此地展開了激烈的爭奪戰。

戈斯拉爾在那之後也順利發展，於十三世紀成為漢薩城市之一及薩克森城市同盟之一。戈斯拉爾的礦山亦被稱為拉默爾斯貝格（源自於城鎮南邊的礦山名稱），於一九九二年被登錄為世界文化遺產。

福格家族與礦山開拓

德國的礦業當然不只侷限於戈斯拉爾，還有中級山岳地帶，也就是艾菲爾高原、厄爾士山脈、哈茨山、紹爾蘭、黑森林、施瓦本高地、蘇台德、圖林根山等地也持續發展礦業。這些「山地」或「高地」雖然金礦不多，卻有豐富的銀礦，讓邦國領主們的荷包賺飽。後來還發現鐵礦，得以在附近發展鐵工業。

話又說回來，本章最初提到的「宗教改革」與「農民戰爭」，其實也與礦山開拓有些關係。福格（Die Fugger）家族與韋爾瑟家族（Die Welser），在礦山開拓與金融業方面都占有舉足輕重的地位，甚至足以左右歐洲經濟。他們在十四世紀於奧古斯堡發跡，向匈牙利國王借了諾伊索爾（Neusohl）的礦山，開採、精煉銀礦再賣出去，在雅各布・福格的時代（Jakob Fugger，一四五九～一五二五年）藉由買賣銀而致富。雅各布向提洛爾公爵西吉斯蒙德及馬克西米利安一世以銀礦的優先購買權為擔保，進行高額融資以確保獲利，並直接從事礦坑口營運、設立精煉廠。此外，銅也是加農炮等武器不可或缺的原料，只要需求高漲，便以其為標的，賺取龐大的利潤。

礦工因待遇惡劣而生活困苦，所以時常發起罷工、抗爭，他們也與農民戰爭間有所關聯，一五二五年，在薩克森東側的厄爾士山脈也發生了礦工起義。

礦工們襲擊市政府、礦山監督員房舍、城堡，毀棄所有的證書與謄本簿，將要求彙整成「十八條款」向經營者提出。其他礦山也發起相同運動，在礦工之中也有人成為農民戰爭領導者帶領群眾。當然，身為礦山經營者的福格家族則是支持領主陣營。

順帶一提，馬丁・路德的父親為後來晉升至管理職的薩克森礦工，他因為與父親不合成為宗教家。雖然他的的思想說不上帶有礦工色彩，卻也是個令人玩味的事實。

散布於各地的礦山鎮

為了熔化鐵塊，需要燃料的木材，因此對礦業來說，森林是必不可或缺的。礦業地區與森林、山地密不可分，可以說是因為德國的環境比其他歐洲國家擁有更多山林，才孕育了這個產業。

在薩克森的礦山城市，除了戈斯拉爾，還有東側曼斯費爾德的銅山、南薩克森的弗萊貝格、施內貝格、安娜貝格、馬林貝格等的銀山也十分知名。提洛爾的礦山也相當出名，初期開拓了不少鐵礦山，但到了中世紀末，以施瓦茨為首的銀山變得更為重要。此外，摩拉維亞有伊格勞（現在的伊赫拉瓦）銀山，與南薩克森相接的波希米亞的庫滕貝格（現在的庫特納霍拉），在十三世紀後半發現相當大的銀山，並於一三〇〇年開始鑄造銀幣。十六世紀發現的約阿希姆斯塔爾（現在的亞希莫夫）銀山也極為重要。

十四至十六世紀，礦業飛出現躍性的發展，邦國君主更得以藉此提升權威。對邦國君主來說，來自礦山的什一稅，以及礦產優先購買權所帶來的利益為龐大的獲利來源。他們將礦山開拓成邦國事業並組織化，任命礦山官僚們為經理、什一稅收稅官、造幣廠長、礦山法官等。而為了仲介人數眾多的工人與經營者，礦工工會也應運而生。先前提到的福格家族等大資本家則取得多支礦山股，或是借款給財政困難的邦國君主，取得做為擔保的礦產優先購買權，大規模進軍這個業種。

至於勞動體制，以施瓦茨銀山一部分的法爾肯施泰因地區為例，在鼎盛期的一五二〇年代有數十個礦區，據說產量達數十噸。地區整體有數千名工人，每個礦區有一〇〇～五〇〇的人數差異。一個礦坑口有數名工人，當時沒有進行分工，皆須進行建造坑道、挖掘、搬運、精煉、排水等作業。待技術革新，能進行深入地底的豎井採礦後，才開始分工。

近代工業最重要的是「煤礦」，關於這部分，到第五章再來詳述。

靠鹽撐起的城市發展

德國有許多製鹽城市。生活中不可或缺的鹽，自古以來一直都是當代掌權者的獨占目標，他們把鹽做為管制物資，徵收稅金以獲利。中世紀稅金之一的「Gabella」是指間接稅、貨物稅，但最初是指「鹽稅」。

沿海城鎮的日曬鹽業十分興盛。歐洲其實有不少鹽礦（古代海水蒸發成鹽後一層層堆積而成），德國沒有面對地中海，當然是以岩鹽為主流。鹽能帶來龐大的利益，並支持城市的發展。

德國的產鹽城市大多位於內陸，德語的岩鹽為「Halit」，因此哈爾、薩勒河畔的哈勒、哈修塔特、施韋比施哈爾、巴特萊辛哈爾等地名，都是當地過去曾經有岩鹽產業的證據。

製鹽除了切削岩鹽（乾式），還有煮沸鹽泉以取鹽的方法（濕式）。煮沸需要大量木材，人們便將木材組成木筏，利用河川運送，再將木材打撈上岸，所以鹽與「森林」

「河川」也是密不可分。由於必須先做好森林管理才能延續製鹽業，當時各個製鹽城市，皆致力於可持續性、計畫性的資源利用。

德國與荷蘭國境附近的博爾特（Borth）自古便以鹽礦出名，在奧地利阿爾卑斯山中美麗的哈修塔特湖附近亦有哈修塔特鹽礦，而且最驚人的是，人們似於在三千年前就在該地開採鹽礦。同樣在奧地利，從因斯布魯克向東約八公里名為哈爾的城鎮，在十三世紀半發現鹽礦，使產量劇增。此地的開採權限為提洛爾伯爵所有，到了十四世紀半，年產量高達三千噸，國家預算約有三成收入是來自岩鹽。

自然學與鍊金術

我們可以知道，正是銀山、鐵山、煤礦、鹽礦等來自「山」與「大地」的恩惠，孕育並支持著德國的重要產業。還有精煉所需大量的「水」、搬運物資所需的「河川」，以及用高爐熔化金屬或是煮沸鹽泉所需的燃料是由「森林」提供木材，可以說是有「森林」與「河川」的協助，才推動了近代初期至近代的德國經濟、社會發展。

在這個時代，這種自然與人類間物理性、社會性的深厚關係，不僅催生出前一章所提到「山」的神祕傳說，也成了發展自然學的契機。

說到與礦山有直接關係的人物，必屬格奧爾格・阿格里科拉（Georgius Agricola，一四九四～一五五五年）。他不僅是著名的礦物學者，也是一名醫生，著有《論礦冶》（*De re Metallica*）一書，於一五五六年出版（圖3-7）。內容為觀察自己居住地區的礦業樣貌，詳細介紹探礦、採礦、冶金、精煉等最新技術，描述礦山的實用性。書中各處皆批評了迷信，但仍有關於神祕礦山的敘述，像是將山中的精靈分類為「帶來危害的壞精靈」與「會模仿人類作業鬧著玩，有趣又奇怪的善良精靈」。

圖3-7　《論礦冶》書內插圖，窯室裡的精煉作業等

此外，以拉丁文寫成的對話式著作《朱比特的審判》＊（*Iudicium Iovis*）於一四九二～一四九五年出版，作者為在礦

＊註：朱比特即宙斯。

山城市從事教職的人文主義者施內弗格爾（又名Paulus Niavis）。他在書中描述，「發現銀礦脈、被財富蒙蔽雙眼的人類，不僅因採礦傷害生育之母的大地，使血流遍地，還忘卻對古代諸神的崇敬之心」，批判開採礦山的行為，但同時也提到身為大地子孫的人類，為了社會利益不得不開拓礦山、破壞大自然，表示對於採礦的諒解。

這些作者不論對於開採礦山是贊同還是批判，他們都視大地為「有生命的神祕母胎」，帶有德國特有的有機觀點。實際上，這個時代正處於科學、自然學的重要轉換期，在德國大量出現各類自然學書籍（尤其是鍊金術、魔法相關書籍），因此看待礦山時才會帶有鍊金術、魔法性質的思維。

說到鍊金術、魔法性質，最具代表性的即為鍊金術師兼醫療化學家的帕拉塞爾蘇斯（Paracelsus，一四九三／九四～一五四一年）。他出生於瑞士的艾因西德倫，曾於義大利求學，之後進入瑞士巴塞爾大學成為大學教授，但因思想過於偏激而遭驅逐，長期過著流浪生活。他立志追求能治癒所有人的鍊金術，研究流傳於礦山工人間的疾病，於鍊金術的水銀、硫磺加入第三元素的鹽，發展以此為基礎的物質原理學說，同時致力於開發使用礦物的醫藥品。

格勞勃的《德國的繁榮》

另外還有一位生於一六〇三年的自然哲學家——約翰・魯道夫・格勞勃（Johann Rudolf Glauber）也相當重要。他自學化學哲學，開發各種化學器具，總是期望能對友人與祖國有所助益。由其著作《德國的繁榮》（*Dess Teutschlands Wohlfahrt*，一六五六～一六六一年）中可見其強烈意志，如希望能改善三十年戰爭（將於次章詳述）造成的國土荒蕪、運用自己的研究解決戰後經濟問題，並保護基督教世界免於土耳其人的險惡侵略。他確信「德國比其他任何國家擁有更豐富的自然寶藏，而蘊藏著寶藏的德國更應該成為世界王者」，並寫到如何不浪費這些寶藏、邊節約邊增加國家財富。他傳授人們當葡萄酒、啤酒、小麥生產過剩，如何濃縮保存的技術，並忠告城主們，為了預防戰爭時受到包圍，應先貯藏這些濃縮物。

格勞勃所認為的德國寶藏，不僅是指肥沃土讓孕育出的葡萄、小麥，還有木材及礦物。他認為，「藉由類似鍊金術的手段純化豐富的礦物，便能獲得龐大利益。用火與鹽就能將卑金屬提升為貴金屬」，主張「為了國家利益，可採伐覆蓋大部分國土的森林」，亦提到「燃燒木材便能從灰燼產生貴重的鹽，這些鹽含有酒石與硝石，是十分重要的商品」「硝石為醫藥的原料，也可做為農業用的堆肥，而且還是火藥不可或缺的原料，有助強化軍隊」，以及「比起燃燒木材，用我想出的方法壓縮、擠出樹液，更有效地生產鹽巴，幫助社會上的眾多人們」。

以上所介紹的學者們都帶有「自然為魔法般之存在」的觀點，並以接近近代的化學實驗為目標，相信操作自然有助於德國產業、社會發展，可以說是極能代表近代初期德國的人物們。

第 4 章

從哈布斯堡帝國到德意志帝國

前往獵鹿的瑪麗亞・特蕾莎

十七世紀的德國歷史，是以奧地利與普魯士兩國為主軸發展。這兩個邦國雖然分別位於南北，卻是能夠支配他國、統一德國的兩大勢力，這一切都是從歐洲最大的宗教戰爭「三十年戰爭」（一六一八～一六四八年）演變而來，首先來說說這個三十年戰爭吧。

三十年戰爭與其結果

三十年戰爭，是繼承了波希米亞王位，哈布斯堡家族的斐迪南欲壓制新教，強迫人們改信天主教所引發的戰事。但這並非是單純的宗教戰爭，背後還有法國的波旁家族與奧地利、西班牙的哈布斯堡家族之間的對立因素。

哈布斯堡家族有教宗、義大利各國、波蘭支持，反哈布斯堡家族的陣營則有法國、荷蘭、英國、斯堪地那維亞各國、瑞士參與，變成一場大規模的戰爭。十七至十八世紀時法國成為天主教的領導者，荷蘭及英國則是新教的先鋒，德國內部的宗教對立便是如此延伸為國外的兩大對抗勢力。

哈布斯堡陣營有波希米亞貴族的大元帥華倫斯坦，反哈布斯堡陣營則有丹麥國王克里斯蒂安四世領頭。在下一個階段，瑞典國王古斯塔夫二世・阿道夫與北德的新教聯手爽朗登場，但沒能分出勝負。

法國一直在暗中操控局勢，甚至與宗教立場相反的瑞典古斯塔夫二世・阿道夫聯手，後來於一六三五年四月重新宣戰出兵。此時丹麥與瑞典亦形成對立，再加上鄂圖曼帝國的介入，情勢更趨複雜。

一六四八年終於簽訂《西發里亞條約》，法國從奧地利取得阿爾薩斯以及洛林地區的三個主教區；瑞典也得到北海、波羅的海沿岸地區；荷蘭與瑞士則獲得完全獨立。

長期成為戰場的德國則變得荒蕪，原本多達一千七百萬的人口失去了三分之一，許多村落消失，帝國也更加名存實亡。不僅領土被割讓給法國及瑞典，條約中也再次確立三百多個以上帝國政治體（邦國、城市）的主權。此外，天主教、路德教派、改革派（喀爾文教派）成為三大主要宗派，同時也承認了其他的異教。

普魯士對戰奧地利

之後十七世紀後半到十八世紀，普魯士（新教的霍亨索倫家族）與奧地利（天主教的哈布斯堡家族）兩國展開決定「德國」未來命運的霸權爭奪戰。

十五世紀以後，波蘭西側國境附近的布蘭登堡侯國（選侯國），變成霍亨索倫家族的領地。而位在更東側之波羅的海沿岸的普魯士公國，原本就是同家族的阿爾布雷希特（條頓騎士團團長）的領土，所以在一六一八年將兩者統合。

選帝侯腓特烈・威廉於一六四〇年進行普魯士公國大改革，他讓關係友好的荷蘭人大批移入，將貧瘠的土地變為肥沃的耕地。同時大量接納受法國迫害的胡格諾派人士（新教徒），這些人當中有許多是有才能的工匠或工廠經營者，使工業、貿易隨之活絡起來。在領土方面，合併萊茵河下流沿岸的小領地，再加上於《西發里亞和約》獲得馬德堡大主教區及東波美拉尼亞等地。接著一七〇一年在東普魯士的柯尼斯堡，腓特烈一世被加冕為普魯士國王，正式展開普魯士王國的歷史。

普魯士積極推行軍事獨裁，以腓特烈・威廉一世（同名選帝侯的孫子，一七一三～一七四〇年在位）為中心，致力於富國強兵。他讓諸侯拋棄奢侈的食衣住生活，帶起剛健樸實的風氣，並組織八萬人的常備軍，實施紀律化的訓練。如此逐步提升國家權勢，建立起官僚主義的軍事國家。

一七四〇年，其子腓特烈二世（一七四〇～一七八六年在位）即位，是位往後被稱為腓特烈大帝的偉大國王，他傾盡全力使普魯士成為強國（培育產業、增強常備軍）。

他首先介入哈布斯堡家族的繼承問題，欲占領奧地利礦山資源寶庫的西里西亞，引發西里西亞戰爭。雖然有法國支持普魯士，但統治奧地利的瑪麗亞・特蕾莎（在位一七四〇～一七八〇年）與英國、荷蘭、薩克森等結為同盟。

一七四五年，普魯士以獲得西里西亞為條件，承認瑪麗亞・特蕾莎的丈夫，洛林法蘭茲一世*為新任皇帝，使巴伐利亞公爵暨選帝侯的查理・阿爾伯特（與前神聖羅馬帝國皇帝約瑟夫一世的女兒結婚）挑起奧地利王位繼承戰爭，並獲得法國支持，角逐王位。但他的野心以失敗收場，一七四八年十月簽訂《亞琛和約》。

之後又發生七年戰爭（一七五六～一七六三年）。瑪麗亞・特蕾莎這次與法國結盟，再加上俄國的加入，讓普魯士必須一次對付這三國，吃了不少苦頭，損失慘重。但幸虧國際情勢的發展有利己方，以及敵國的財政困難、厭戰情緒與國王暴斃等因素，普魯士最終獲勝，簽訂《胡貝圖斯堡條約》，確定西里西亞歸普魯士所有。

腓特烈在這之後推行重商主義，接納法國的胡格諾派人士，發展金融業、手工

*註：神聖羅馬帝國皇帝法蘭茲一世＝洛林公爵法蘭茲一世。

業，並倚重容克地主（Junker，農業企業家）增強國力。接著在一七七二年，與俄國、奧地利瓜分波蘭，併吞西普魯士、艾姆蘭（現在的瓦爾米亞）、諾泰奇河中游，並於一七七八年參與巴伐利亞王位繼承戰爭。他也強行推動整備官僚組織、軍事改組、培育農業與絲綢產業、編纂法典、改革司法等。

那麼，另一方的奧地利又如何呢？到了十七世紀，奧地利為諸邦國及波希米亞、匈牙利諸國的集合體，東西側分別有土耳其、法國進攻，要確立王權並不容易。雖然因三十年戰爭使得勢力、權威大減，但仍數次擊退鄂圖曼土耳其，於一六九九年從鄂圖曼帝國奪走匈牙利全境。最終建立起廣大的奧匈帝國，取回昔日光輝，亦重新整備了國內的政治、行政機構。

一七一一年，約瑟夫一世突然去世，由弟弟查理即位，成為查理六世（一七一一～一七四〇年在位）。他在西班牙王位繼承上，亦主張自己的權利以抗衡路易十四的孫子腓力五世。然而，從利奧波德一世（一六五八～一七〇五年在位）時代開始的西班牙王位繼承戰爭（一七〇一～一七一四年在位）中，與荷蘭一同支持神聖羅馬帝國的英國叛變，退出反法同盟。最後於一七一三年簽訂《烏特勒支和約》，隔年簽訂《拉什塔特和約》，查理不得已只好放棄西班牙王位。

查理六世膝下沒有兒子，打算讓女兒瑪麗亞・特蕾莎繼承王位，因此頒布國事詔書，保障女性的繼承權。瑪麗亞・特蕾莎繼承家族，成為實質上的女王，她雖然如前述被普魯士奪走西里西亞，但在國內卻有好好治理國政，改革了軍事、財政、行政。此外，她也以膝下有十六名子女聞名，如嫁給法國路易十六的瑪麗・安東妮即為她的第九個孩子。丈夫去世後，她開始與長子約瑟夫二世（一七六五～一七九〇年在位）共同治理國家，除了體恤農民、減輕賦役，亦解散耶穌會，致力於培育產業。

不過，兒子約瑟夫雖受到母親影響，以開明專制君主聞名，卻因性情急躁而改革失敗，沒能順利收復、擴大領地。

除了普魯士、奧地利，薩克森、漢諾威、巴伐利亞等邦國亦採用重商主義的經濟政策，提升國家經濟能力。總結來說，南邊有天主教占有壓倒性勢力的奧地利，北邊則是大多信仰新教的普魯士，雙方勢均力敵，爭奪統一德國的主導權。

邦國中的城市

三十年戰爭後，包括公國、伯國、騎士國、帝國城市、主教區、修道院區等，約有一千八百多個城市林立，邦國分立主義逐漸被體制化。不僅每個邦國的司法體系都不同，諸多關稅也妨害了商業發展。制定各種關稅能使邦國君主不勞而獲，但對於商人及一般市民的生活極為不便。許多諸侯都打算將自己的邦國強化為「君主專制國家」，試圖成為文化的中心地，但那也僅是在不損及自己利益的範圍內進行。

想當然，城市的自由與自律性也十分侷限，因為邦國君主的監察官——城市財務官深入了城市生活中。邦國君主的介入相當強硬，他們會操控能左右城市經濟的軍服、武器產業，並透過軍事審判權干涉市民生活。只有貴族能碰政治，一般市民最高只能當到教師、法官、牧師，或是地位較低的官吏。

宗教改革原本是能激發城市自治精神的運動，但邦國城市不像諸侯們擁有宗派選擇權，結果暴露在可能遭受外部攻擊的風險中，政治方面也越來越衰弱。大多數的邦國法是以身分制度為基礎來維持社會秩序，建立邦國臣民體制，並以公共福祉的名義介入農民、手工業者、市井小民的日常生活，進行嚴格的監視與管制。

開明專制君主腓特烈二世與馬鈴薯

圖4-1　視察馬鈴薯栽培農家的腓特烈大帝

在德國的統一上，普魯士王國為主要中心。關於其第二代君主的腓特烈大帝，以下再深入了解些。

相對於其剛毅的父親腓特烈．威廉一世，腓特烈二世則是愛好法國文學及音樂，與哲學家伏爾泰亦有往來的文人。他是位開明專制*君主，十分愛護臣民，視國民生活的幸福為自己最大的使命，獎勵學術與藝術，在宗教上也十分寬容。他也在柏林郊外的波茨坦，模仿法國凡爾賽宮建造了無憂宮。不過前面也有提過，他並非溫和的人，而是一名現實主義者，在政治、軍事方面發揮其領導能力。

*註：又稱仁慈的專制主義，在思想上容許人民有一定的自由、私有財產權，但應絕對服從君王命令及法律。

這邊特別希望各位注意到這位大帝與馬鈴薯的關係。當時馬鈴薯從南美洲經由西班牙、義大利傳入，德國是從十七世紀末才開始栽種，但只做為藥用、鑑賞用，或是當作豬飼料。然而在三十年戰爭後，農民們失去農地，生活陷入困頓，甚至時常遭遇饑荒，於是才開始在西南部栽種這種不被重視的高營養價值的作物，以維人們食用，接著再慢慢擴大到德國全境。

與其他邦國君主相同，腓特烈大帝認為，廣種馬鈴薯能拯救農民，甚至強化普魯士的國力。所以他效法父親腓特烈・威廉一世的做法，不僅獎勵種植、免費發放種薯給農民，從栽種到收穫的期間，亦命令守衛、士兵嚴格進行確認，也就是強制普及。

一七五六年三月二十四日，他向普魯士所有官員發布《馬鈴薯命令》。裡頭明文規定要讓農民明白馬鈴薯的優點（營養價值、利用價值極高，勞力與收穫量成正比）、勸誘他們栽種以及指導他們栽種方法，並在栽種期間要求龍騎兵（Land-DRagoner）或其他傭人看守等事項。

有國王直接的指示，再加上與農民較親近的領主與知識分子的指導，同時發放記載栽培方法的小冊子，以及技術革新與農地擴大，終於讓馬鈴薯遍及普魯士全境。不僅農民，連士兵們都變得愛吃馬鈴薯。

身兼辭典編纂者與百科全書學者的克呂尼茲（Johann Georg Krünitz，一七二八～一七九六年）也極度擁護馬鈴薯，他強調其優點與良好本質，十分推薦食用，並說明「馬鈴薯跟肉、魚、湯都很對味，是每天吃不膩的庶民嗎哪（天國的麵包）」。對於一直以來因穀物不足而飢餓的貧民來說，馬鈴薯正是福音，或許也可說是能強化軍隊、掀起產業革命的食物。

這邊再多講一點馬鈴薯的事。一般來說，馬鈴薯的德文是Kartoffel，也有另一種說法為Erdapfel，後者跟法文的Pomme de terre（大地的蘋果）是完全相同的意思。有些地方是以後者為通用說法，也有人認為比起從Trüffel（松露）演變而來的Kartoffel，Erdapfel的意義較為貼切。無論如何，與大地化為一體成長的馬鈴薯，是充滿生命力的自然恩惠，我認為也是十分符合德國、充滿象徵性的食材。

雖說德國人並非只吃馬鈴薯與香腸，不過這兩者確實是德國料理的代表性食材。新教認為，吃大餐或美食是罪孽深重的浪費行為，因而推崇簡樸的飲食。在歐洲，美食文化較繁盛的皆為天主教地區。

受到新教敵視美食的影響，十六世紀以後，德國家庭餐桌上的飲食都變得較樸素。其中馬鈴薯與香腸營養價值極高，稍微花點心思也能變化成各種獨特料理，因此大受重用。現代德國也多種馬鈴薯，可做為萬能食材用來製成沙拉、濃湯、薯泥、Pommes Frites（薯條的一種）等搭配其他料理，或是做為鬆餅等點心的原料。據說在德國，每人平均一年可吃掉六十公斤以上的馬鈴薯。

即使到了市民文化發展的十九世紀，德國依舊推崇簡樸的料理，與法國正好相反。這種簡單的飲食，在二十世紀的納粹主義中被提升為信仰。用各種食材，如馬鈴薯、蔬菜、麵粉製品，有時再加點魚肉煮出來的大鍋菜（Eintopf），在德國鄉下十分普遍，也是一般的節儉作法。時代再稍微前進一些，在納粹黨的統治時期，馬鈴薯被提升為「做為德意志民族團結的證明，全國人民必須同時跟元首一同享用的國民食物」。

現代北德有個名為「Grünkohlessen」的冬季活動，即是在冬天享用以羽衣甘藍（Grünkohl）、香腸、馬鈴薯煮成的料理。活動規則是，必須在嚴寒的大自然中，徒步前往兼具餐廳的旅館去吃這道料理，途中也會玩丟球等遊戲，還有裝滿酒精飲料的手推車可供禦寒。

整個活動的高潮，在於依食量及途中的遊戲結果選出甘藍大王（或是國王與王妃），而被選為大王（國王與王妃）的人必須負責、辦並準備隔年的活動。兼具了冬季的漂鳥運動，是種享受嚴酷大自然與大地恩惠的習俗。

德國啟蒙主義的評價

普魯士的腓特烈二世及奧地利的約瑟夫二世皆以開明專制君主聞名，前者致力於倡導人權平等、改革刑法、廢除拷問，並盡可能減少死刑；後者則廢除農奴制、解散修道院，實施信仰自由化、法律地位的平等。

然而，這種政治上的啟蒙主義並沒有廣泛滲透社會，畢竟連開明專制君主本身也對貴族、市民、農民等「身分制度」的正確性絲毫沒有疑問，因此沒有真正實踐大為削減貴族（擁有特權、以高級官員或將校身分協助君主統治）利益，以保護農民、廢除世襲農奴制政策。

反過來看看德國的宿敵法國。法國同英國，各階層的人們都十分重視「個人獨立自主，以自由精神為基礎改革國家」的啟蒙主義，催生出法國大革命的也正是啟蒙思想。法國實施政教分離，確保宗教不會束縛市民生活，並貫徹「在人們以自由意志的同意下遵守法律」「比起民族，法治理念才能決定國家應有的型態」的思考方式。有市民共同組成的社會，能遵守國家法律、服從民主共和政體的人便屬於國家。法國——英國亦同

——依法治精神確立市民與社會的領域，形成公共性的基礎。

但德國的情況卻大不相同。路德主義主張「唯信得救」，與身分制度十分契合，因而被廣泛接受，對於古典教養或源自古典教養的市民理念則相當冷淡，因為德國眾多邦國的政治結構無法培養出民主國家意識。

相對地，他們創造出「國家棟樑並非市民，而是民族」的神話。在宗教戰爭的漩渦中，諸侯與皇帝對立，諸侯間又各自為政，國家統一可說是遙遙無期，但即使小邦國分立、宗教一分為二，人們仍主張根源為一體的民族傳統及日耳曼靈魂。他們沒有歸屬拉丁特質或希臘特質，並認為只能相信來自大地與自然的傳統習俗，而非外來形式或被強加的秩序。

就像這樣，德國與啟蒙主義、合理的社交、羅馬法理念越來越疏遠，法國則以羅馬天主教會與拉丁文化為主軸，建立起中央集權制，兩國當然會格格不入。

但進入近代後，古典教養在德國並沒有繼續受到輕視。德國哲學正是以希臘哲學為出發點，德國的文理中學也是以希臘、拉丁的古文教育為主軸。

不過德國的大學是取得政府官員職位等資格的場所，對德國人來說，古典教養是為專業統治體系（Technokratie）的準備，是國家的附屬品，並沒有成為形成優良市民社會的推力。

公共場合的出現與家庭感情生活

不能忘記的是，德國也有德國自己的「啟蒙主義」。在十八世紀，雖然並不完全，啟蒙主義也因法國的影響傳入了德國，各邦國的中型城市成為散播其思想的據點。由藝術家、牧師、教師，甚至是郵局局長等主辦的讀書會、咖啡廳、沙龍等逐一成立，貴族、神職人員、上流市民因共同興趣而聚在一起，這種連結即是市民以市民身分參與政治的微弱曙光。

在啟蒙主義的時代，家族形式與觀念也產生了變化。家・家庭從以往的生產活動據點，變成情感的、以愛與人性聯繫的共同體，與工作場所區分開來。同時開始出現能確保隱私、依使用目的設置的房間。

然而，在為了更加追求舒適感的近代家庭，女性被關在家裡，並被要求表現順從、純潔，以給予男性安全感。

此外，為了能從事高官顯職，青年們邊旅行邊拜訪重要設施，並與著名學者、藝術家、企業人士會面的壯遊習慣也是形成於這個時代。這對無法統一成民族國家的德國來說，也是連結成資訊網的契機，因此掀起一股出版旅遊書的風潮。不但提高了旅行的安全性，郵遞馬車也被整備為公共交通設施，有助於年輕人進行壯遊。人們認為旅行能陶冶人格、提升教養，也能拓展異國的視野，十分受到好評。

在宮廷及城市也產生消費文化以享受人生的生活態度，不但使文學、音樂、戲劇活動興起，對英國、法國時尚有興趣的人也增多了，促使附抽屜的櫃子（Kommode）及扶手椅等新型家具的需求大增。桌子的數量、種類也有所增加，還有燭台、鏡子、陶瓷餐具、窗簾與百葉窗、繪畫等，都讓住宅文化更加豐富，這些家具也重新被打造成符合資產階級興趣的樣式。

自然風景式庭園也隨之興起，人們在果園、溫室、菜園、灌木林、洞窟、池塘等處，種植、裝飾各式各樣的花草樹木。於是，新的市民階層不論生活在哪個邦國，都有了共同的興趣與文化。

但與法國不同的是，德國的保守政治勢力增強，啟蒙主義所帶來的興趣也僅止於興趣，幾乎沒有發揮到於公共場合批判政治的影響力。這在文學方面也一目了然，詳情將於次章講解，舉例來說，相對於十九世紀法國文學少不了公共議題或現實主義，德國文學則是舒適的小範圍人際關係或自然鑑賞。簡單來說，雖然德國也受到啟蒙主義影響，但市民們依舊缺乏自由談論政治的空間，因此影響極度微弱，無法超出興趣的範疇。

而且十九世紀的德國正面臨急速經濟成長與工業化、都市化的浪潮，勞工的工作環境也隨著機械化而擴大了單調作業的範圍，工人與上班族的增加導致企業內勞資關係產生變化，以往鄉下的價值觀、社會意識、行動規範已不適用。

在這個過程中，連結人與人的全新組織，如「協會」「合作社」「聯盟」「同好會」等自主性團體如雨後春筍般不斷湧現。這些團體到了二十世紀初時，取代家庭、社區組織成為互助合作、感情交流、娛樂的場所。

利於領主的農業改革

這邊再稍微將時代往回推一下。在易北河以東，近代初期以後君主（邊境侯、選帝侯）的力量變弱，反而是貴族變得強大。面對十四至十五世紀領主制危機的土地荒廢、廢村、農民減少問題，這個地區則更加強化了領主制的統治。

普魯士貴族到了十六世紀，便親自生產、販賣穀物，賺取龐大利益成為容克地主，也就是農業企業家。他們亦廢棄農民的土地保有權，擴大直營地，將農民降格為小農（Cottager）、無限制增加賦役，並強制農民子女侍奉領主，實施農場領主制（Gutsherrschaft）。以普魯士為中心，不僅是易北河以東的東德各邦國，在波蘭、波希米亞、匈牙利也可見到相同發展。

十八世紀時，農場為了生產銷往英國的穀物而擴大規模經營，農村裡許多下層階級的男丁皆被雇用為勞工。這種勞工雇用是以一年為單位，並給予一定比例之收穫物、穀物，形式很獨特。若是夫妻一起被雇用則有供宿，因此勞工們對結婚變得相當積極，即使是以一年為單位，生活也能受到保障。

另一方面，易北河西側的農民原本就比東側自由，可用貨幣或實物向領主支付地租，也沒有勞役。然而到了十九世紀，為了「解放農民」，政府大規模推行將土地所有權讓渡給農民的政策，使貴族對於收入減少感到不滿，結果地租的支付條件變得遠比易北河以東還糟。農民無法在短期內支付償還金，變成不得不花費數十年分期付款，部分邦國甚至設立農村合作金庫以援助農民償還。不過忍無可忍的德國西南部農民終於在一八四八～一八四九年起義，結果受到壓制後，許多人便移民至美國。

森林的荒蕪與復原

從西元一〇〇〇年左右開始，整個歐洲不斷採伐、開墾森林，即使德國的氣候、地勢條件優良，在古代、中世紀擁有大片蒼鬱森林，最後也荒蕪了。雖然農業發達、小麥等產量劇增，人口也大幅增加，但這一切都是建立在森林的犧牲上。不僅如此，在森林放牧豬隻也會破壞地表的植被，阻礙樹木生長。

邦國君主譴責農民中世紀末以來的開墾導致森林減少，對此，農民主張：「我們有一定的使用規則，僅砍伐我們需要的量。而針對違法狩獵數量過多的野獸一事，與其說對自然有所損害，不如說我們幫助了各種樹木的生長」，並於各地成立森林協同組織。

即使如此，到了近代初期，德國的森林還是遭受相當程度的破壞。比起農民們的開墾，主要原因應該是工業大規模發展，大量消耗燃料用木材。煉製礦石、製造陶瓷器或玻璃、精製鹽皆需燃燒大量木材。從十七世紀末到十八世紀，人口急速增加、森林遭受濫伐，導致森林快速消失。

此時開始有學者及林務官員敲響了警鐘，並開始討論森林復原計畫，試圖盡一切努力恢復已荒蕪的森林。薩克森政府秘書處官員兼上級礦山局長的卡洛維茨（Hans Carl von Carlowitz，一六四五～一七一四年）等人，皆訴求保護與再生森林的必要性。

不過在十八世紀時，雖然試圖以造林的方式解決問題，但人們不種生長緩慢的闊葉樹（水楢、山毛櫸等），只種植生長快速且能適應各種土壤的針葉樹（雲杉或冷杉），等長大後再一次採伐，並持續這個循環。

木材在德國尤有各種用途，因此人們不斷種植雲杉，這與日本只種柳杉是相同情形，結果陸續發生病蟲害、地力衰弱、腐爛導致樹木傾倒等問題。發現這些問題的林務官員及森林學者發現這些問題後，為了保育整體森林並維護景觀，開始深入思考適當的造林方式。

第 5 章

產業發展與山的賜予

以研究為目的而登山的地質學家、植物學家、測量技師、畫家

相對於法國在早期就以強大王權建立起統一的國家，德國的統一可說是姍姍來遲，甚至比分裂成城邦國家的義大利還晚，直到一八七一年才實現。雖然德國在適應法國大革命的影響中曾嘗試統一，但因奧地利與普魯士的霸權爭奪戰遲遲沒有結果，在經過一番波折後才終於達成。以下讓我們來看看其過程。

無法開花結果的社會改革

一七八九年，西側的鄰國法國爆發大革命，長期以強盛為傲的王權及特權階級的封建領主遭到推翻，在「自由、平等、博愛」的口號下，所有市民站出來主張自己擁有的權利。

德國各邦是由上對下加強統治，尤其對普魯士與奧地利而言，不希望法國市民自發性的運動傳染給自己的人民，因此與英國同步介入，向法國革命政府挑起戰端。

普魯士原以為能夠輕鬆獲勝，沒想到卻在一七九二年九月二十日的瓦爾米戰役中敗給法國。專注於處理波蘭瓜分問題的腓特烈・威廉二世（一七八六〜一七九七年在位），與變得穩健的法國政府簽訂條約，將萊茵河左岸割讓給法國。奧地利則與英國持續與革命主流的雅各賓黨作戰，結果拿破崙・波拿巴在義大利屢戰屢勝，不得已只好簽訂《坎坡福米奧和約》。

不過，德國有三百個以上的小國分立，語言、法律與行政都不一致，勉強只有邦聯般的聯繫反而發揮了作用。法國理念幾乎沒有擴散到德國，也沒發生市民與勞工聯手從底層發起革命。

社會改革也都是政治家們從上層推動。古代的封建制、領主制削弱了德國的力量，因此必須在各邦國分別推動自由化、社會改革、實施近代化，於是主要的邦國有了自由化並推行社會改革。首先是組成萊茵邦聯的各國，以及催生出施泰因、哈登貝格、沙恩霍斯特、威廉・馮・洪堡等著名改革政治家的普魯士。

但這些改革都在幼苗期就被摘除，無法開花結果。法律之前人人平等、廢除農奴制、司法近代化、關稅與租稅改革、教育改革、設立市民軍、城市自治、經營自由等都是很棒的主張，但只要市民們欲參與相關立法就會受到貴族妨礙。市民們連自己邦內的改革都做不到，更遑論進行以市民為中心的德國統一。這個國家最終是由諸侯、領主從上層決定及調整，才勉強達成民族統一。

那也是在「新的邦聯」經過幾次重組後才得以達成。首先一八〇五年，奧地利與拿破崙率領的軍隊開戰，但因德國內部諸多邦國的諸多背叛而落敗。隔年「神聖羅馬帝國」被迫解散，境內被重新整頓成約四十個邦國，並由十六個邦國「萊茵邦聯」，以拿破崙為護國公。不過其中大部分是中規模的邦國，不包括普魯士、奧地利、布倫瑞克（Herzogtum Brauenschweig）、黑森。

同年，普魯士在耶拿戰役中慘敗，簽訂《提爾西特條約》（一八〇七年）割讓一半的人口與土地，並得支付高額的賠款。拿破崙亦針對英國頒布大陸封鎖令，限縮了普魯士的經濟，使人民苦不堪言。

拿破崙喚起的愛國心

從一八〇七年至隔年，在拿破崙占領下的首都柏林，哲學家費希特（Johann Gottlieb Fichte，一七六二～一八一四年）發表知名的演講「告德意志同胞書」（Reden an die Deutsche Nation）。對於一直以來視自己邦國為祖國的民眾，他主張所有人應擁有高尚的德意志精神，愛著全體德意志人的祖國。

之後拿破崙遠征俄國失敗，一八一三年十月在萊比錫郊外，普魯士、奧地利、俄國、瑞典、英國聯軍大敗拿破崙軍。接著於一八一四～一八一五年召開維也納會議，確立歐洲的新版圖。

此時普魯士獲得萊茵河左岸及右岸的西發里亞而變得更加富強，同時希望以獨立聯邦制國家的形式統一德國，但遭到奧地利大使梅特涅（Klemens Wenzel von Metternich，一七七三～一八五九年）反對。雖然在一八一五年六月成立了「德意志邦聯」——奧地利、普魯士等三十九個主權國家與城市的聯合組織——但並沒有實質效力，因為只有在普魯士、奧地利兩大國利害一致時，邦聯議會才能發揮作用。

即使如此，一直以來只能對地區、邦國、城市有身分認同感，沒有「德意志人意識」的這個國家，因反拿破崙的解放戰爭（Befreiungskriege，一八一三～一八一四年）而被喚起了真正的愛國心。費希特的呼籲得到了共鳴。

普魯士促成統一

統一的契機藏在一個意想不到的地方——關稅壁壘。各邦國皆因領土問題互相競爭，試圖鞏固國內體制，為此必須促進經濟、產業成長，並除去妨礙的要因。德意志地區的三十九個邦國皆有各自的貨幣與關稅制度，妨礙了自由經濟活動。因邦國間的關稅壁壘使農產品價格飆漲，導致饑荒更加惡化，而且邦國內部甚至還有諸多關稅。

一八一八年，普魯士率先公布關稅法廢除國內關稅，接著陸續吸引其他國家加入，於一八三四年與十八個邦國組成關稅同盟，並逐步擴大。雖然奧地利等國也有所抵抗，但到了一八四二年，三十九個國家中已有二十八個國家加入「德意志關稅同盟」。之後不久受到法國二月革命（一八四八年）的影響，要求憲法改革及德國統一的聲勢高漲，民眾亦強烈要求出版自由、審判自由、集會結社等權利（三月革命）。一八四八年五月，各邦國在選舉中選出六百五十名左右的議員，同月十八日於法蘭克福的保羅教堂，以制定憲法為目的召開國民議會。

然而到了實際制定憲法的階段，議會內的議員立場從保守派分裂出民主主義的激進派，理想的實現極為困難。在法蘭克福議會中，大德意志派希望奧地利德語區能脫離哈布斯堡帝國與其他邦國合併，小德意志派則主張排除奧地利，僅統一德國各邦國。

一八四九年三月二十七日，法蘭克福議會中由小德意志派勝出，以聯邦制統合德國各邦國，制定帝國憲法，並由普魯士國王出任世襲皇帝。議會代表團前往柏林提出該方案，卻遭到國王腓特烈・威廉四世冷淡拒絕，德國統一憲法也被擱置。

圖5-1　普奧戰爭後的諷刺畫中，俾斯麥（右）被比喻為牧羊人

在這之後，各地仍有民眾起義或進行抗議活動，但遭到舊體制反擊壓制。三月革命的成果失去大半，各聯邦憲法的內容被修得保守化，結果一八五〇年，德意志邦聯再度復活。

德意志邦聯之後仍舊陷入混亂，難以實現統一。不過其成為工業國家，提升了經濟能力，讓自由主義的市民們在政治上的自我意識更加高昂。一八六一年，德國進步黨（Deutsche Fortschrittspartei）成立，馬上成為議會第一大黨。針對這股進步主義勢力，一八六二年成為威廉一世首相兼大使的俾斯麥（一八一五～一八九八年）強制執行高壓政治，壓制自由主義者。

他為了轉移民眾對內政的不滿而追求戰爭，於是挑起普丹戰爭（一八六四年），使丹麥割讓什列斯威－霍爾斯坦。該地一開始是由奧地利與普魯士兩國共同統治，但普魯士在普奧戰爭（一八六六年）中獲勝後，便奪走奧地利統治的霍爾斯坦。

奧地利敗北後只能就此退出「德國」舞台。接著德意志邦聯解散，由緬因河（der

Main）以北之所有德意志邦國組成的北德意志邦聯取而代之，普魯士亦致力於使其他邦國加入該邦聯。一八六七年二月十二日，北德意志邦聯於憲法制定議會直接進行選舉，由俾斯麥當選首相。

另一方面，奧地利則與匈牙利組成二元君主制的奧匈帝國。原本預定成立的南德意志邦聯後來沒成立，巴伐利亞、符騰堡、巴登大公國與普魯士締結軍事協定，加強與普魯士及北德意志邦聯的連結。

接著普魯士在西班牙王位繼承問題上，企圖以外交、策略與法國對立，挑起普法戰爭（一八七〇～一八七一年）。俾斯麥突破法國的攻勢，在摩特克（Helmut von Moltke）的指揮下，以閃電戰攻下法國領土色當與梅斯。一八七一年一月二十八日普魯士攻下巴黎，拿破崙三世被俘。最後法國被迫割讓阿爾薩斯－洛林，而且須支付高額賠款。

連續幾場戰爭，激起了全德國人的愛國心，南德各國（四個邦國）與北德各國締結條約，成立「德意志帝國」。一八七一年一月十八日，普魯士國王威廉一世在巴黎凡爾賽宮成為德意志皇帝（王位一八六一～，帝位一八七一～一八八八年），此即為君主立憲制及聯邦制的基礎。到此，德國終於完成統一，德意志帝國亦被稱為德意志第二帝國

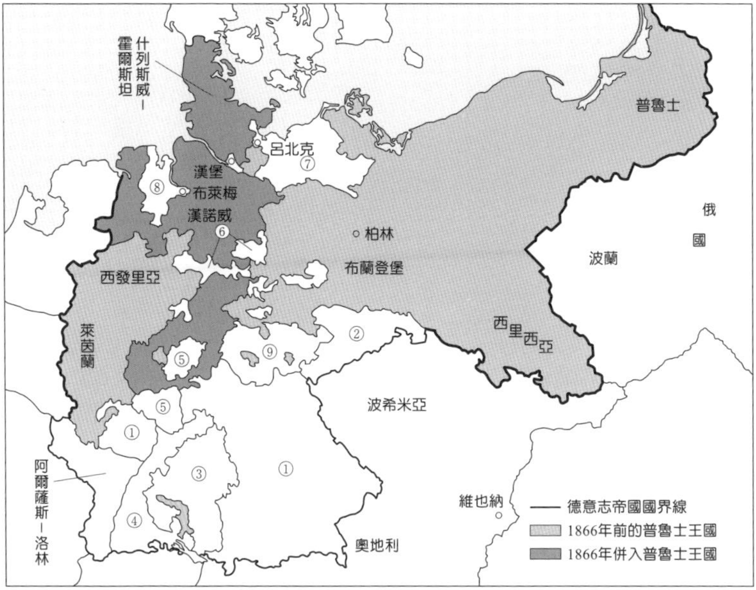

①巴伐利亞王國　②薩克森王國　③符騰堡王國　④巴登大公國　⑤黑森大公國　⑥布倫瑞克公國　⑦梅克倫堡－施威林公國　⑧奧登堡公國　⑨圖林根諸國（薩克森－威瑪大公國等）

圖5-2　1871年的德意志第二帝國

（圖5-2）。

但如同前面所述，這僅是聯邦各國，也就是邦國君主等貴族階層妥協的產物，由君主間的契約所構成，並非所有國民一齊參與，這是德國的建國特徵，卻也成為往後歷史上的負面遺物。

山上的溫泉療養地

以普魯士為首的德國各邦理念，與法國理想的自由、平等，或是文明、國際串聯、民主主義等相去甚遠。市民階層相信啟蒙主義，並以進化論觀點理解歷史，但在德國卻沒有決定性的政治權力，因此自由的知識分子與國家的關係很疏離，他們的所思所想不在政治或歷史中，而是更底層的血、大地、自然發展。於是「讓自然的力量成為夥伴、學習自然的奧義」取代啟蒙主義無法生根的缺點，變成知性菁英分子們的共同目標。

圖5-3　浴場情景（盧卡斯・克拉納赫的《青春之泉》，1546年）

能讓人直接獲得山、水及深厚大地能量的就是溫泉，也就是溫泉理療。人們在古代就已知溫泉，前往溫泉療養地的輕旅行風潮，從中世紀前半到盛期雖然有點退燒，但在中世紀後半與文藝復興時期，依舊是歐洲各國貴族及富裕市民極大的娛樂。而且為了讓身分較低的市民也能享受，也有一定的基本設施。

在德國，也有從十三世紀就開始使用溫泉的證據，最初只有附近居民使用，到了十四世紀，開始有泡湯客遠道而來，春夏時節去泡溫泉也成為規律性的習俗。十四世紀末開始，發現、重新認識溫泉的資訊越來越多，森林或山區等遠離城市的地方也興建起更多的溫泉設施。

此外，隨著文藝復興運動發展，醫師及人文主義者開始熱衷於書寫「溫泉論」。義大利人文主義者布拉西奧里尼（Poggio Bracciolini，一三八〇～一四五九年），在給友人尼克羅・尼科利的書簡中，描述了德語圈的溫泉。他當時為教宗秘書，為了康士坦斯大公會議而來到德國南部的康士坦斯。他在周邊圖書館研究古代文本，也抽空來到位於現在瑞士阿爾高省的巴登溫泉療養地（Baden im Aargau），書簡中即是寫到對此處的印象，時間是一四一六年五月十八日。

根據其內容，該處受到群山圍繞，是一座位於河谷的溫泉地。不但有豪華旅館，廣場上有兩處民眾用的公共浴場，還有許多私人浴場。公共浴場有陽春且偏低的隔板區隔男女浴池，隔板亦有許多開口方便聊天。人們似乎習慣邀好友來這裡玩牌，或是在漂浮的桌子旁大吃大喝。

年輕女孩及中年女性都一絲不掛經過男人面前，大膽地走來走去，彷彿是優雅的女神，如芙蘿拉（Flora）或維斯塔的女巫模樣天真談笑。私人浴場較整潔，在區隔男女浴池的隔牆低處也有小窗子，可以一起喝酒、聊天、互動。這些浴場上方都圍有欄杆，有些人便在此處休息，或是邊觀察浴池中的人們邊談話。

也有為女性了治療不孕而來泡溫泉，但大多是為放鬆身心，與伴侶、友人，或是一個人帶著傭人一起來。也有人是從距離三〇〇公里以上的遠方前來，連修士、祭司都十分期待來到此地。不可思議的是，據說這裡從未有過爭執、惡意、不合或爭鬥，浴場的男女即使裸露身體也不猥褻，反而顯得純樸、自然。布拉西奧里尼便是像這樣，將溫泉描述得如同「樂園」。

愛好溫泉的歌德

圖5-4　歌德

在德國，十六世紀的自然學家們時常討論溫泉、礦泉的價值，或是對身體哪個部位的哪種疾病有效等，到十九世紀也出現許多溫泉論、溫泉紀行著作，其中最具代表性的例子就是歌德（一七四九～一八三二）。

德國有各種溫泉地，有的自古就有，有的則是在中世紀、近代初期由王公貴族或修道院設立。到了歌德所處的十八後半至十九世紀，已演變成被大自然包圍的優雅設施，也是菁英們的療養、觀光地。

歌德於一七八五～一八二三年間，造訪了波希米亞的溫泉地，包括卡爾斯巴德（現今卡羅維瓦利）、弗朗茲巴德（現今弗朗齊歇克）、瑪麗巴德（現今瑪麗亞溫泉市）、特普利策、艾格爾（Eger）等地，共計二二次，也曾停留於巴特皮爾蒙特、巴特滕施泰特、威斯巴登等地。此外，他也積極協助設立威瑪附近的巴特貝爾卡溫泉，自己也常為了治療丹毒、胃腸不適、心臟病等病症而去泡溫泉，當然有時也是因政治家、官吏的工作感到疲憊，為了放鬆身心而去。這可從其與友人的書簡中得知。

人們認為溫泉有奇蹟的力量，也有一些溫泉地能吸引全歐洲的民眾前來。舉例來說，當歌德第一次來到卡爾斯巴德（現在捷克的卡羅維瓦利，位於布拉格以西，接近德國邊境的山中）該地已是歐洲十分受歡迎的溫泉鄉。一七八五年，他曾寫信給友人梅爾克：「彷彿是圖林根的劇場突然被搬到波希米亞」。

現在同樣屬於捷克的瑪麗亞溫泉市（圖5-5），在現代歐洲也是極受歡迎的溫泉觀光地，據說飲泉所尤其美麗。插播一下題外話，歌德的情詩《瑪麗亞溫泉地的悲歌》（*Marienbader Elegie*），即是七十三歲的歌德愛上在該溫泉地遇見的十九歲少女烏爾

圖5-5　瑪麗亞溫泉市的溫泉療養地

麗克・馮・萊維佐（Ulrike von Levetzow）後，失戀所寫下的詩作。

萊茵河上游東岸附近的巴登－巴登，也是自古至今的著名溫泉地。該地由古羅馬人開發，中世紀末期至近代初期時開始有王公貴族造訪，到了約十八世紀便做為療養地持續發展，十九世紀初則建造了豪華的宮廷風建築。十九世紀至二十世紀間，知名政治家、作曲家、小說家、畫家們也經常來訪，這座溫泉地已成為整個歐洲政治家、藝文人士們的外交、社交場所。該溫泉泉質屬於食鹽泉，泉溫偏高，一般認為對風濕及神經痛有療效。

中世紀半開始在德國興起的溫泉熱潮，與異教時代以來對水的治癒力、藥效之信仰也有相關。大自然的水有冷水也有溫水，但都是從地殼深處湧出，或是來自湖底礦物泥的大自然珍貴療效。德國比其他國家更重視這種「自然的恩惠與人類產生有機的連結，能使我們恢復原本健康」的觀念。

在歌德的《浮士德》第二部開頭，身心俱疲的浮士德躺在繁花盛開、一片綠意盎然的優雅大地上，讓飄在上方的妖精們療癒身心。同樣也是歌德的《親和力》（*Die Wahlverwandtschaften*，一八〇九年）中，他將拉近、結合人與人關係的不可思議親和力，比喻為物質與物質的結合與分離，並描寫從石灰岩釋出的碳酸氣與水結合成礦泉，照顧了健康的人與病人。

基於這樣的思考方式，十九世紀的德國除了溫泉，還流行起自然療法，在現代仍持續有替代醫學、互補醫學。這種療法並不投藥，而是以「用人體與生俱來的力量、治癒力使身體康復」的思考方式為基礎，利用水、土、陽光、空氣等的作用，搭配藥草、飲食養生、體操、沐浴、改善呼吸及按摩的方式治癒身體。在工業化與都市化的進展下，人們認為，遠離自然的近代文明即是疾病與精神衰退的根源，為了對抗近代文明因而推舉出自然療法。

許多知識分子都成為自然療法的推崇者，據說採用這種自然療法的療養院，在十九世紀末的德國有一〇〇多間。

即使是現在，德國醫療的基本理念也不是「用藥治癒」，而是「引出自然治癒力」。溫泉理療正是實現這種理念的方式，其效果也受日本政府肯定，長年以來都將溫泉治療納入健康保險，可長期停留的溫泉地（Kurort）總數也將近四〇〇處。但近年來因財政赤字，補助期間被縮短，也有保險無法給付的案例，情況似乎稍微有所改變。

登山的時代

十九世紀的德國，既是溫泉熱潮的時代，也是「登山一大發展期」。資產階級雖然在政治上沒有權力，但在文化、社會方面的存在感則越來越強，此時，他們也開始對高山有了強烈的憧憬。

近代以前，人們懼怕高山，認為山是惡魔的領域，因此若沒必要不會接近或攀爬。到了十八世紀後半，因水晶探索熱潮及狩獵阿爾卑斯山長鬃山羊等目的，入山的人逐漸增加。同時，以往不被視為調查、探索對象的山岳自然科學，也開始受到人們注意（參照本章篇章頁的插畫）。

我想大家都知道，歐洲的阿爾卑斯山有著連綿的高山群，橫跨法國、瑞士、德國、義大利。高峰登頂成為登山者的首要目標，一七八六年，人類首度成功登頂海拔四八一〇公尺的白朗峰。

十八世紀後半開始興建山屋，提供登山者床、食物與急救工具。接著進入十九世紀，人們開始逐一攀登海拔四〇〇〇公尺等級的高山。一些較富裕的英國人士，也帶著傭人與嚮導結成大登山團爬山；瑞士的實業家或學者們，會基於做學問的目的挑戰登頂；地質學家、冰河學家、測量技師、植物學家、畫家等，也會在嚮導的帶領下登山進行調查研究。

圖5-6　攀爬冰河（1830年）

山域嚮導的收入開始增加後，人們更加積極投入這個產業，人數也逐漸增加。人們開始注意起負責登山用具、針對落石或雪崩的因應策略、路線規劃等的登山嚮導，據說也有嚮導被雇用一整個季節。一八五〇～一八六五年為阿爾卑斯山登山運動的黃金時期，尤其一八五九至一八六五年間以英國人為主，首度登頂成功的山多達六十八座。

不過德國人對於像英國人這種交由他人負責的登山方式並不感到滿足，他們開始追求獨力攀登、為了登山而登山，並蔚為風潮。因此十九世紀以後的德語圈，為了測試自己身體的能力，不靠嚮導的單獨登山逐漸普及成為大眾運動。

一八六九年，成立了德國登山協會（Deutsher Wanderverband，現在是有七五萬名會員，世界最大的登山協會）。第一次世界大戰後，德國、奧地利及義大利的登山者逐漸增加，這些國家雖然流行危險的攀岩極限運動，但也有許多人享受「登山健行」，不執著於登頂。

其實在德國，直到進入二十世紀之前，登山都是屬於上流階級、學者、大學教職人員、文理中學教師、醫師、高階官員、律師等的運動，但從第一次世界大戰前開始，勞工們也會在假日去攀登不太需要花費時間與金錢的中級山岳（海拔一〇〇〇～二〇〇〇公尺等級）。第一次世界大戰後的威瑪共和時期，在市民間又重新掀起一股登山風潮，此時的裝備、道具當然也有所改善，變得較易取得，有助於讓登山更廣泛地普及於各階層。攀爬極度危險、死亡意外也多不勝數的高山被視為「與自然的搏鬥、克服困難、挑戰高度」，變成宣揚民族主義的工具，連媒體也會特別報導這般壯舉。

現在當然已經沒有「背負著國家威信登頂」這回事，但依舊有許多德國人的興趣是登山，會特地申請休假前往南德或奧地利的阿爾卑斯山健行、露營。

鋼鐵工業帶動的經濟

對德國而言，十九世紀不僅是政治革命的時代，也是經濟成長、技術革命的時期。不，也可直接說是「政治衰退且狀況不佳，但經濟大有進展」的時代。

如先前所述，一八三四年成立德意志關稅同盟，雖不到德國全境，但有加盟的地區皆廢除關稅。之後這些邦國的景氣明顯提升，製鐵業也開始大規模發展，興建鍛造工廠、鑄鐵工廠以及精煉爐。此外亦興建紡織廠，發展毛織品工業。在這些機械工業的發展上，英國規模較大且技術先進，德國的規模則小了許多，但多虧拿破崙的大陸封鎖令，使其他國家無法再依賴英國，才推動了德國國內產業的發展。

產業進入實質成長的局勢後，一八五三年再次延長關稅同盟的效力，奧地利想藉機要求加盟，但遭到普魯士拒絕。德意志帝國建立後，實施貨幣統一、確立金本位制、設立中央銀行、制定專利法等各種政策，更加實現了經濟統合。景氣一直從一八九〇年代持續上升到一九一四年，使德國成為工業大國。

德國比英國晚了許久才進入工業化，所以直接跳過紡織等輕工業，一開始就以鋼鐵及鐵路相關產業（重工業與機械工業）為主幹。不過還是有引進織布機，使麻、羊毛、絲，尤其木棉等紡織產業有一定程度的成長。

鐵工業是從德國東南部的上西里西亞開始發展，到十九世紀中葉時，各地散布著許多小規模製鐵廠，如巴伐利亞王國的萊茵－法爾茲、薩爾地區、萊茵河中游支流沿岸、拿紹公國的蘭－迪爾河川地區、紹爾蘭、西格蘭、艾菲爾山脈、哈茨山、圖林根森林、厄爾士山脈等，都是在能完全享受「森林山川」恩惠的地區所發展起來。

鐵路鋪設於一八三五年十二月，從巴伐利亞的紐倫堡到福爾特間的六公里起頭，到了一八七〇年，鐵路線已長達二萬五千公里，雖然比英國與法國晚了許多，但也順利地逐步成長。鐵路可說代替了原本的「河川」，是連接分散的各邦國、構築起龐大交通網絡的最大工具，能快速運輸商品與製品、連結供需，對擴大市場有極大的貢獻。

為了建設鐵路與製造鐵路機車（火車頭）、貨車等，當然也需要使用到鐵，動力來源的煤炭需求也隨之增加。若沒有煤田，就沒有德國的近代工業，甚至說沒有全歐洲的近代工業也不為過。正因為有了煤炭，才能加熱並發動高爐、鐵路機車、蒸汽機。

由於煤炭相當重、不便運輸，因此大多直接在當地建造工廠。一八四八年時，德國有六大煤田：亞琛周邊、下萊茵、薩爾地區、薩克森、上西里西亞、下西里西亞，共有五九一處煤礦場，三五五〇二名勞工，採出四三八萬三五六六噸的煤炭。到了一八六四年，迅速增為六七〇處煤礦場，九九一四一人，一九四〇萬八五三三噸。除了煤炭，德國也有相當大量的褐煤礦。

魯爾區的重工業發展

萊茵河下游的右岸以煤炭、鐵礦的豐富蘊藏量自豪，又因為有萊茵河的便利水運，使這一帶成為歐洲最大的工業地帶——魯爾工業地帶。名稱取自於注入萊茵河的魯爾河，該河寬三〇公尺、東西長二一九・三公里，在煤礦坑上方。

這裡在十九世紀初只是貧窮的農村地帶，也沒有較大的城鎮。但產業革命後，十九世紀半時導入使用這個地區採的煤炭（不是木炭），精煉附近產出鐵礦的方法，使該地一口氣有了飛躍性的發展。

採煤技術也因蒸汽機的發明大幅躍進，大量的勞動者從各地聚集而來，企業也紛紛

圖5-7　魯爾河與工業地帶（1866年）

遷移到此，而且萊茵河及其支流便足以供給此處的工業用水。

普魯士的高爐（製鐵）產量，於一八三四～一八四七年間從一三萬四五〇噸增加到二二萬九〇〇〇噸，以西里西亞與萊茵蘭的礦業最為繁盛。擁有魯爾區的後者，在技術、資本、地點上都是近代礦業的中心地。

一八五〇年代以後，魯爾區為了製鐵而進行高爐建設，生鐵的消費量大幅增加。再加上隨著鐵路建設與機械製造的發展，鐵製品的需求急遽增加，整個十九世紀，中魯爾區有了爆炸性進展，並成為礦業的龍頭。一九一一年，德意志關稅領域內三分之一以上的鐵與二分之一以上的鋼都是來魯爾區。

到了二十世紀初，煤炭持續供給鋼鐵工業使用，一九〇九年已超過一五〇〇萬噸，使用了魯爾區約三

成的煤炭開採量。工業與經濟成長，便是以煤炭產地為中心發展。

魯爾區之所以能勝過其他區域的煤田，除了有萊茵河、魯爾河，還善加利用鐵路進行高效益的販售。魯爾區的產煤量從一八五〇年（一六六萬五〇〇〇噸）、一八六〇年（四三七萬六〇〇〇噸）、一八七〇年（一一五七萬一〇〇〇噸）、一八八〇年（二二三六萬四〇〇〇噸）、一八九〇年（三五五一萬七〇〇〇噸）、一九〇〇年（六〇一九萬九〇〇〇噸）、一九一〇年（八九〇八萬九〇〇〇噸），可說是一路飆升。

持續到現今的「德國製」

德國像這樣在十九世紀半後，機械工業大幅進展，各地皆有大規模的機械工廠。之後分工漸漸變得多樣化，製品種類也逐漸增多，到了二十世紀初，製品種類無限增加，如腳踏車、摩托車、汽車、電力機車、縫紉機、打字機等，新的機器陸續登場。

直到現在，機械製造依舊是德國經濟的主幹，有四分之三的製品銷往世界各地。說到德國的代表性的製品，除了汽車（以前的戴姆勒－賓士、保時捷），還有系統廚具、咖啡機以及更小的器具、金屬製品，都是堅固又耐用的機能性金屬製品與工具。

圖5-8　機車（火車頭）工廠（1855年）

此外，奧古斯堡以鐵、銀、銅的精細工藝出名，萊茵蘭的索林根則是以中世紀以來歷史悠久的刀具聞名。位於北萊茵－西發里亞邦之雷姆沙伊德的鋼製品，以及施托爾貝格的黃銅製品同樣也是自古以來遠近馳名。

特別希望大家注意的是，全球市占率過半的德國機器及其製造公司（如郵件裝封系統），大部分都是只有同業人士才知道的中規模企業（Mittelstand），這點也相當有德國風格。大型獨占企業也在地區扎根，十分看重工藝工匠的技術。

「德國製」的特色就是巧妙運用地方分權的傳統，精密、耐用又值得信賴。

永不衰退的河川運輸

前面也曾提到，德國只有北側面海，所以利用縱橫大地大河進行河川運輸，這點自古代、中世紀時期以來就非常重要。到了十九世紀，拖船業的近代化、組織化也受到注目。即使有了鐵路，煤炭、鐵礦、穀物等體積大的重物，還是以河川運輸較為便利。

為了搬運這類重物，一八四一年成立了科隆蒸汽拖船公司（Kölnische Dampfschleppschiffahrt-Gesellschaft）。約一八五〇年時，包括其他公司擁有的船舶，共計有二十五艘蒸汽拖船、一九二艘鐵製貨船、四〇〇艘木造貨船、六十一艘帆船在萊茵河航行，向上或往下運送大量貨物。易北河、緬因河、埃姆斯河、摩澤爾河、魯爾河、利珀河、薩勒河、奧得河等也基於同樣原因，蒸汽船不斷增多。

到了二十世紀初，河川航運變得更加興盛，大型貨船也越來越多。如鋼鐵製的船隻為三五〇〇噸，相當於二五〇台貨物列車的載貨量。

一九〇八年，德意志帝國內可供航行的內陸水運總長為一五二六萬九二九七公里，其中一般河川為八六六萬七三二〇公里，其他則是被運河化的河川、內陸湖的水路以及運河。

進入二十世紀後，被稱為萊茵緬因都會區的上萊茵北部地帶，之所以能成長為德國最大工業地帶，是因為有水利之便與豐富工業用水，再加上有大量勞動人口所促成的結果。一九二〇年代，為了讓大型船舶通行，對注入萊茵河的緬因河、內卡河進行改修工程，才能運送煤炭與原料。

這裡與魯爾區不同，沒有地下資源，但拜「河川」所賜，這裡卻有世界最大的綜合化學品生產廠商**BASF**、同樣也是化學品生產廠商（特別是焦油染色工業）的**Hoechst AG**，以及位在呂塞爾斯海姆的汽車製造商**Opel**（歐寶）的工廠等知名企業。

此外，先前提到的魯爾工業地帶在現在的北萊茵－西發里亞邦，其首府杜塞道夫位於萊茵河下游。製鐵、化學、機械、金屬加工等主要企業集中於這座都市，並占了德國生產的大半，萊茵河的恩惠果然發揮了相當大的作用。

如前章所述，德國與法國、英國不同，一直無法成為以王權為中心的統一國家，而中世紀的邦國分裂，進入近代後又再度被制度化。若要說是什麼統合了這個近代初期的「德國」，那就是「河川」的「水」了。

或許在漫長的歷史中，共同的自然觀、根源自然與人類的深厚關係漸漸滲入德國人民的心中，並伴隨著德文使兩者模糊地化為一體。但那僅是精神上的一體性，無法統合社會、政治與經濟。相較之下，「河川」能具體連接城鎮、地區，帶來經濟交流。廢除關稅以獲得通行自由的保障，即是為了充分運用德國的「河川」交通網絡。

萊茵河父親

德國的河川與日本河川完全不同，除了萊茵河、多瑙河，還有緬因河、易北河、摩澤爾河等多條寬闊且水量豐沛的大河，這些河川便成為大動脈，運送載有大量貨物的貨船。並非集中於中央，而是連接各地，創造出連結全國的共通網路。

連接萊茵河、緬因河、多瑙河三大河流，建立從北海到黑海的水運網——這項自古以來的大規模計劃於一九九二年完成。

這裡就來一一探討萊茵河、多瑙河、易北河三大河流。首先是萊茵河。

萊茵河縱貫德國西部南北，對德國人來說，是史上最重要的一條大河。萊茵河全長一二三〇公里，發源於瑞士山中，沿著瑞士、奧地利國境北上，進入波登湖後，於湖的西側轉為急流繼續向西流動，途中右轉再持續北上。這條大河亦藉由許多運河與隆河

（die Rhone）、馬恩河（die Marne）、埃姆斯河、威瑟河、易北河相連。

即使是現在，萊茵河也有約六萬艘船舶上下來往，據說是世界上交通最為繁忙的內陸河川。沉重的煤炭、礦石、建築資材、石油等皆採水路運輸，由水路支持著德國的貨物流通，德國（與荷蘭）的工商業若少了萊茵河都無法發展至今。

圖5-9　萊茵河與山上城堡（1895年）

此外，基於在歷史上的重要性，萊茵河亦被尊稱為「萊茵河父親（Der Vater Rhein）」，是德國人心靈的故鄉。自中世紀以來，該流域的人們便流傳了許多傳說，將情思一代代傳承至今。其中特別是克里斯多福，這位憨直高壯男子揹著耶穌度過萊茵河，十分受到萊茵河流域的人們喜愛，歷史上有不少關於他的畫作，亦被做成許多雕像流傳下來。

德國浪漫主義的文學運動中，讚揚萊茵河的作品也不勝枚舉。首先是賀德林

（Friedrich Hölderlin）在一八〇一年發表的長篇詩歌《萊茵河頌歌》（*Rheinhymne*）讚美著這條河，同年克萊門斯・布倫塔諾（Clemens Brentano）的幻想詩《羅蕾萊》（*Loreley*），則敘說了從萊茵河畔礁岩跳下的少女羅蕾萊之悲劇，並成為後世詩人、畫家、作曲家的題材來源。接著施勒格爾（Friedrich Schlegel）於一八〇五年寫下的《穿越尼德蘭、萊因河流域、瑞士及部分法國的旅行書簡》中，亦十分讚賞萊茵河兼具美麗景觀與偉大的歷史，他在敘事曲《陷落之城》（*Das versunkne Schloss* 一八〇七年）中也再次提到這條河。

之後發生了對法國的祖國解放戰爭，民間大量出現愛國又具政治性的萊茵河抒情詩，並被人們所歌頌，其中特別著名的是海因里希・海涅的《羅蕾萊（我不知為何如此）》（一八二四年）。

多瑙河與易北河

接著來談談多瑙河。這條大河全長二八五七公里，流經十個國家，在維也納與匈牙利也被視為該國的河流而備受喜愛。多瑙河發源於德國黑森林，在德國境內的阿爾卑斯山地帶有許多支流，於森林中形成美麗的河谷，橫切巴伐利亞地區。

不同於時而湍急的男性化萊茵河，這條大河緩慢又平靜地流動，又被稱為「多瑙河母親」，也是各民族共存、融合的象徵。這兩條河有時也被視為對立象徵，萊茵河代表德國，而多瑙河則代表哈布斯堡帝國的奧地利。

不過在小約翰・史特勞斯（一八二五～一八九九年）的圓舞曲《藍色多瑙河》（一八六七年）合唱版中，萊茵河被稱為多瑙河的兄弟，因此這兩條河也可視為兩國的和諧象徵。實際上，這兩條河在波登湖附近也有互相流通。

多瑙河南側有阿爾卑斯山麓，兩者間的廣大原野是德國首屈一指的穀倉地帶，由來自阿爾卑斯山的多條支流攜帶土砂堆積而成。田裡種植著大麥、小麥，一旁則是德國最大啤酒花栽培地的哈樂陶。大麥與啤酒花，再加上阿爾卑斯山的清澈天然水……想當然耳，這裡的啤酒釀造十分興盛。

此外，多瑙河流域也是天主教信仰相當虔誠的地區，或許也是因為如此，目前仍保存著許多巴洛克風格的教會，成為該流域特徵之一。

最後來看看易北河。易北河發源於捷克與波蘭交界處的克爾科諾謝山，是條貫穿捷克與德國的大河，全長一〇九四公里。在德國境內穿過與捷克交界處的厄爾士山脈，由

圖5-10　啤酒釀造

南往北流，經過北德平原注入北海。同時藉由許多運河與其他河川相連，為內陸交通的樞紐。在古代是德國與外部（斯拉夫）的界線，現在則是區分德國東西的基準線。

這條河是在漢堡附近流入北海，所以從漢薩城市同盟的時代起就是條運輸大量物資的重要通路，因可藉由許多支流與運河連結內陸繁盛城市而十分受到重視。但沿岸許多流域的邦國擅自制定關稅，甚至占了成本的一半以上。雖然在一八一五年的維也納會議上要求河川的自由航行權，但直到一八七〇年才得以徹底實施。

此外易北河與萊茵河、多瑙河相同，因城市汙水及產業廢水而有嚴重的水質汙染問題，但中游流域保留了不受人為侵擾的大自然，成為歐洲最大的自然保護區。該地區不僅有各類植物，也是水鳥、河狸、水獺等動物們的綠洲，亦被列為「聯合國教科文組織生物圈保護區」。

河川的自然改造

這些河川像這樣在物質、精神上一直支持著德國（人），但其實從十八世紀半至二十世紀，人們在河川等德國水域進行了大規模工程，徹底改變了其樣貌，這點請先記住。

針對彎曲、分流較多的河川，建設堤防使其能快速直線流動，同時為了避免妨礙河川交通，除去堆積的砂石及河中島；河谷則建設水壩，用於調節洪水、灌溉、發電等。河川間以運河相連，擴大交通網絡；池塘或湖泊、濕地或沼澤地、泥炭沼澤則大多被圍墾或填平，做為耕地使用。從中世紀開始，便已有這類為了人類利益而改造自然的行動，到了近代，其規模與速度更加倍增。

前一章提到的開明專制君主腓特烈二世，大規模開鑿連接易北河與奧得河的運河，並對奧得河以東的濕地及沼澤地圍墾，比同時代的任何一個人都還要積極地改造大自然。當然不只是河川水域，他也改造了山地、森林、雜木林及草原。雖然有種說法是「德國的景觀是德國人的心靈故鄉，不可人為加工，而是要保持日耳曼家鄉原本的姿態守護至今」，但為了生活便利性與產業發展，實際上已經過徹底的改造。

批判這種改造所提出的「守護景觀之美」口號，其實說的也是人類眼中的「美」，一樣是以人類為中心的思考方式，這對同樣不斷改造自然的日本來說，是必須銘記在心的事實。

崇尚自然的德國浪漫主義文學

前面也已提到，文藝復興的理性主義與人文主義在德國影響都不大，也沒能受到啟蒙主義的感化，然而試著觀察十八世紀至十九世紀的藝術、思潮，可見浪漫主義蓬勃發展，人們試圖追求與自然的深厚關係。

十八世紀末至十九世紀前半的德國浪漫主義，是延續一七六〇年代末期到一七八〇年代中期的新興文學運動「狂飆運動（Sturm und Drang）」。這種思潮反對啟蒙運動，重視自然與感情生活，並推崇人類的熱情與想像能力、個人的偉大等，以散文、戲劇文學為主要的表現形式。初期除了歌德、弗里德里希・席勒，還有萊澤維茨（Leisewitz）、華格納、連茨（Jakob Michael Reinhold Lenz）等皆為代表人物。

浪漫主義便是延續這樣的思潮並更深入發展，其中以諾瓦利斯（Novalis）的《海因里希・馮・奧夫特丁根》（*Heinrich von Ofterdingen*，一八〇二年）為首，有許多取材自礦山的作品。

在《海因里希・馮・奧夫特丁根》中，主角海因里希一邊旅行，內在也隨之成長。他在地下坑道與年老礦工的對話，以及與住在洞窟隱士的相遇是，描寫出人類內在與自然，特別是與大地的地下世界之間的奇幻交流。據說諾瓦利斯從一七九七年十二月至一七九九年五月，獨自前往弗萊貝格礦山學校學習，並連續好幾天都下到了坑內。

霍夫曼有篇短篇小說叫《法倫之礦山》（*Die Bergwerke zu Falun*，一八一九年）。主角艾利斯遇一百多年前死於岩石崩塌的老礦工亡靈後，看見充滿慾望又不可思議的奇幻夢境。後來艾利斯為了送禮物給未婚妻，在結婚典禮當天，進入坑道想找尋地底的寶石，卻再次發生岩石崩塌而死亡。五十年後，他的妻子抱著已成化石的遺體死去，而艾利斯的遺體也隨之化成灰……大概是像這樣，以栩栩如生的文筆描寫詭譎又充滿幻想與慾望的地下世界。

在浪漫主義中，遠方的土地及過去十分受作者青睞，中世紀的十字軍、神祕主義、騎士精神，以及哥德式建築等也時常順勢被做為題材，同時，神祕的「自然」也成為靈感來源。前面所舉的礦山即是其一，一般還會出現想像中的陰暗森林、充滿岩石的峽谷、在山地斜面的原野、斷崖或洞穴等等。除了諾瓦利斯、霍夫曼、路德維希・提克、艾森朵夫等作家、詩人，也讚頌日耳曼神話，靈巧地描述奇幻的森林、山地。

這個時代中浪漫主義文學的自然熱潮，與《小紅帽》《白雪公主》等知名的《格林童話》（原書名為《兒童與家庭童話集》，一八一二年）作者格林兄弟（哥哥雅各布，一七八五～一八六三；弟弟威廉，一七八六～一八五九）有關。正是因為格林兄弟將展開了各式各樣故事的「民間傳說之森林」集大成，這些傳說才能流傳至今，持續魅惑著古代日耳曼人到近代的德國人們。

頻繁出現於《格林童話》的森林，雖是日常生活的一部分卻也與異界相通，應該說就是妖精、女巫、巨人、不可思議的動物們所居住的異界本身。那是個生與死的矛盾空間，給予人們慈愛與恩惠的同時，也是令人畏懼的存在。在《格林童話》的二〇一則故事中，高達八十四則故事有出現森林。在一八一六年出版的《德國傳說》中，第一版共五七九則的傳說中，有一一八則傳說出現森林。

格林兄弟挖掘出基督教以前的自然、樹木信仰，以及各種古代習俗所催生的「屬於德國的東西」，並似乎有意使其再生。他們所彙整的童話、傳說中也有出現巨人、小矮人，以及森林族、苔蘚族（Moosleute，住在雜木林、荒野陰暗處或地底洞穴的小人，全身布滿青苔，以青苔為家）。

格林兄弟並不是在倡導世界之外的理念、超越一切之神，他們是將「自然」理想化，並以自然為人類道德的泉源、社會基礎。在那樣的情況下，人類的內在能透過感情與外在的自然世界交流，人類的疾病、身體不適亦可藉由與自然合為一體而取回生命力。德國人們一直無法對古典時代（希臘羅馬）的文化，以及充滿榮耀的基督教王國感到身分認同，這個「自然」正是他們唯一能充滿自信依靠的事物。

浪漫主義的理念，在十九世紀，甚至是二十世紀的德國文學留下了深遠的影響。如前一章所述，法國文學在十九世紀「自然主義」「現實主義」的旗幟下，巴爾札克、左拉等代表性作家陸續發表尖銳點出社會問題的作品，相較之下，同時期的德國文學則憂鬱地逃避社會並擁抱自然，每個人以不同的旋律歌頌自然，靜默的放棄氛圍傳遍各地。

詩人賀德林受到歌德的影響，在《還鄉》（*Heimkunft*，一八〇一～一八〇四年）中，讚揚阿爾卑斯山的雄偉山脈與清澈的河流、瀑布等。史迪夫特（Adalbert Stifter，一八〇五～一八六八年）在《水晶》（*Bergkristall*）*中，描述在平安夜裡，山區下起大

*註：一八四五年發表時標題為平安夜（Der Heilige Abend），一八五三年修訂後改名為水晶。

雪，一對年幼兄妹躲在冰河下的岩石地等待救援的故事。這位作家以充滿清新空氣的寧靜荒野、有數條純淨河川流動的美麗森林等為故事舞台，寫出好幾部頌揚純粹、潔淨的作品。

其他還有身兼植物學家的瑞士醫生馮・哈勒（Albrecht von Haller）的詩集《阿爾卑斯山》（*Die Alpen*，一七二九年）、同樣來自瑞士的詩人薩洛蒙・格斯納（Salomon Gessner，一七三〇～一七八八年），以及德國的女詩人德羅斯特・徽爾斯霍夫（一七九七～一八四八年）的自然詩等，在德國甚至有「森林與山之文學」的書籍分類，相關作品不計其數。

山岳繪畫與有機思想

接著來看看喜好描繪自然的德國繪畫。最具代表性的是活躍於十九世紀前半的風景畫家弗里德里希（一七七四～一八四〇年），除了是草原、海邊，他還非常喜好描繪山岳。比他早出生於瑞士北部的卡斯博・沃爾夫（Casper Wolf，一七三五～一七八三年），也畫了二百張以上獨特的阿爾卑斯山畫作。其他還有許多與弗里德里希同時代，受到高山吸引的畫家、版畫家。

他們畫的是彷彿拒絕人們靠近的屹立高山、聳立的巨岩、山丘後方有雲海繚繞的山群、峽谷或瀑布、壯觀的冰河、蔚為奇觀的自然洞窟等，每幅畫都充滿靜謐、莊嚴又崇高的氛圍。

在音樂上，理查・史特勞斯（Richard Georg Strauss）有一首作品叫《阿爾卑斯交響曲》（*Eine Alpensinfonie*，一九一五年），是用音樂表現出攀登阿爾卑斯山的情景。該作品分為二十個段落，有各自的標題，對應二十個登山的階段（現在一般是分為二十二個情景）。

在十九世紀的德國，人們相信「登山是一種精神體驗，越往上爬，人會變得越高貴，最後抵達真實」。一旦爬到山上，俯視仍處於幽暗中的城鎮及田園，似乎會「再也不想回到骯髒的下界」。因為出現這種精神體驗的登山風潮，山也開始成為審美對象，所以才會成為文學或藝術的主題。

此外，有位活躍於十八世紀後半的德國思想家——赫爾德（一七四四～一八〇三年），他反對啟蒙主義的理念，認為應透過自然才能抵達真正的人性。他並主張地面上誕生的無數文化皆有相同權利，那是由民族性格與民族發展的自然條件之交互作用所決定，文化的多樣性即呼應了景觀的多樣性。

這是一種相信自然的統一性，以及人類與自然間內在聯繫的有機思想。這種思想與前述的自然療法風潮也有關，生命並非只是一個人的性命，而是遵循著有機且不可分割、與自然一體化的生命觀。

十八世紀末～十九世紀半的思想家及科學家們，也有獨自的有機自然觀，也就是超越了人類生命軀殼的自然觀念。他們認為人類之所以能朝向未來前進，是因為有這個自然的偉大潛在勢力，並將渺小的人類世界與深遠又崇高的自然做比較。最具代表性的即為哲學家謝林（一七七五～一八五四年）的自然哲學。

像這樣，十八～十九世紀的德國文學家、畫家、哲學家及民間習俗，似乎都有共通的「德國自然觀」。

第 6 章

自然崇拜的光明與黑暗面

柏林的漂鳥運動（1930年）

普魯士於一八七〇～一八七一年的普法戰爭打敗法國後，南德四國（巴伐利亞、符騰堡、巴登、黑森－達姆斯塔特）加入北德意志邦聯，改名為「德意志帝國」，國王威廉一世成為皇帝統一德國。

德國統一後，國內政治與制度的發展又如何呢？俾斯麥使普魯士強盛，是做為領導人實現德國統一的功臣，在這之後十九年間成為國家宰相繼續統領政治，但他失勢後，德國便因悲劇的大戰墜落。

從俾斯麥退場到威廉二世親政

普魯士做為軍國主義國家發展，軍隊及各種職業、組織皆受到嚴格紀律管制，全國人民如同在工廠般被機械式地管理。中產階級被夾在貴族、官僚與勞工之間，無法做出能顛覆支配秩序的大膽行動，這也是一八四八年三月「革命」失敗的原因。接著以普魯士為中心，德意志帝國於一八七一年成立，也是藉由三場戰爭達成統一，使軍隊的威信變得更加強大。

貴族們擔任軍隊的將校，在社會上也備受尊敬，他們的言行舉止充滿菁英氣質，走起路來氣勢凜然。產業化也是在軍人貴族、宮廷貴族的領導下進行，而非資產階級的企業家、資本家們的作為。雖然市民階級逐漸崛起，但大多為士官候補生測驗的合格者、模仿軍人貴族態度或規範的人，這些人也漸漸開始貴族化。只要名譽受損就必須決鬥——這種以名譽為第一的風氣遍及市民們，甚至成為德國人傳統的行動模式。

俾斯麥為了國家利益而訴諸戰爭，他在完成統一後即傾向不與他國鬥爭，轉而重視歐洲勢力的均衡、協調，努力使德意志帝國在這樣的平衡中安定發展。

然而，不知是否因繼承了容克地主的血脈，這位宰相在國內實行高壓式的貴族主義，完全無法接受民主主義。他對於以資產階級為主角的議會制民族國家不屑一顧，只要是反對自己政治理念的人便視為帝國的敵人。隨著工業化發展，勞工階級的人數急遽成長，成為一股無法忽視的勢力，但俾斯麥不但沒有傾聽他們的聲音，反而頒布《反社會主義者法》（*Sozialistengesetz*，一八七八年十月）以鎮壓他們組織的勞工運動，並於一八七八～一八九〇年間鎮壓了社會主義運動。

此舉引發人民十分強烈的反抗，勞工擁護運動越來越盛行，政府只好祭出懷柔政策，制定社會保障法，但依舊無法挽回民心，一八八九年，在埃森與蓋爾森基興多達十四萬人發動礦工罷工運動。

該運動使德國陷入能源危機，俾斯麥試圖利用這點鎮壓社會主義者，但卻採取了錯誤的策略，結果一八九〇年，在皇帝威廉二世（在位一八八八～一九一八年）的意思下辭去職務。

開始親政的威廉二世器量不足又時常失言，雖然提倡世界政策，卻無法順利實行。威廉底下的宰相，也因保守派與市民派聯手影響政權而十分頭痛，無法執行大規模的政策。不僅如此，最大政黨的社會民主黨無法參與政策制定，阻礙了反映民意的政治實踐。

在這段期間，歐洲各國卯足全力爭奪勢力，產生一連串的結盟與對立。在德國，威廉二世欲進軍東方而採取3B政策，以連接柏林經拜占庭（即伊斯坦堡）到巴格達的鐵路鋪設事業為中心，致力於獲取各種權益。英國對此感到威脅，不得不轉變政策，為對抗德國、奧地利、義大利的三國同盟（一八八二年），一九〇七年成立英國、法國、俄國的三國協約。

此時德國為牽制法國進軍摩洛哥而在國際會議上控訴，打算向法國挑起爭端，但英國、俄國、義大利皆支持法國，美國的羅斯福也助法國一臂之力，最後採取了對法國有利的妥協政策。之後發生爭執的火種依舊是在摩洛哥，但暫時是迴避了決定性的對立。

第一次世界大戰爆發與威瑪共和體制

然而，後來匈牙利各國的狀況變得更加嚴峻。由於俄國支持泛斯拉夫的運動，動搖了奧匈帝國的安定，於是奧匈帝國改善與德國的反目關係，並於一九〇八年併吞波士尼亞與赫塞哥維納。接著一九一四年六月二十八日，奧匈帝國皇儲在併吞波士尼亞首都塞拉耶佛後遭塞爾維亞青年暗殺，便一口氣掀起大規模戰爭，這就是在歐洲帶來龐大禍害的第一次世界大戰。

德國打算速戰速決進攻法國，但過程不順利，於馬恩河戰役中敗北。同盟軍的奧匈帝國軍隊也不敵俄軍而慘敗，在無能的皇帝與宰相統領下，軍隊幹部隨心所欲地進行作戰。戰爭的主要舞台從陸地轉移至海上，德國以潛水艦隊的U型潛艇作戰發動攻擊後，美國也宣布參戰。

一九一八年十一月十一日，這場大戰在德國戰敗後告終。失去信賴的君主制已無人守護，威廉二世退位，德意志帝國也隨之瓦解，結果德國突然間變成共和制，因國民議會是在威瑪召開，便被稱為威瑪共和國。順帶一提，奧地利在戰後失去與捷克、匈牙利、義大利的聯繫，變成以德國人為主的奧地利共和國。

德國疲憊不堪，衰弱到無以復加。經工人及軍人委員會（Arbeiter-und Soldatenräte）率先發起革命後，一九一九年一月經選舉選出的國民議會上，由社會民主黨、中央黨、民主黨成立三黨聯合政府，接著馬上通過劃時代的《威瑪憲法》，該憲法奠定了典型議會制民主主義體制的基礎，之後也帶給其他各國莫大的影響。

然而，德國因《凡爾賽條約》失去所有的海外殖民地及十三%的國內領土，還須支付巨額的賠款（一三二〇億馬克），使人民苦不堪言。國內右派政黨則宣稱，被迫簽這種屈辱的和平條約，共和國及負責率領之社會民主主義政權必須負起全責。結果該策略奏效，內政受到動搖，變得不安定。

德國人民開始覺得威瑪共和體制，也就是西歐模式，以政治人文主義為基礎的民主主義體制（人民直選總統、國會議員普選、人民也擁有創制權可直接立法）沒有正當性。而且在議會上，中央黨及社會民主黨沒有獨自的國家理念，卻設立無視人民的國際目標，讓許多人民開始質疑這種體制。

對於在漫長的歷史中，受到「人民理應服從立於國家頂點的偉大權力者命令」思想束縛的德國來說，或許民主主義體制特有的選舉制度與政黨聯合機構，或是合理性的、機械性的機制等都還太早了。即使突然改成威瑪共和國，對人民說「實施議會制吧，皇帝已經不在了」，他們也只覺得議會上政黨們不斷爭論、交涉、妥協，簡直是在浪費大量時間，因而厭惡這種沒有人要負責任的政治形態，反而渴望充滿自信的強大帝王，能肩負責任、做出決定。

接著以「自然」性之生活基礎的「民族」為依據，人民也開始認為應收復被《凡爾賽條約》分散、沒收的領土，重現過去的「帝國」。為了戰勝威瑪共和體制，實現新的政治形態，赫爾德式具備有機思想的民族理念，在國家體制與憲政動搖、信仰與傳統分裂的情勢下漸漸興起。舊時代的官吏、法官及軍隊幹部依舊擁有職位與權力，在基於民族情感欲推翻民主主義體制的勢力中，也成為一股助力。

在那之後，陸續發生舊軍隊將士發動的卡普政變（kapp-Putsh，一九二〇年三月）、與蘇俄簽訂《拉帕洛條約》（Vertrag von Rapallo）宣布彼此放棄賠償要求權（一九二二年四月）、法國占領魯爾區（一九二三年一月）等動亂，通貨膨脹變得更嚴重，使社會更加動盪不安。

希特勒與第二次世界大戰

在這樣的局勢中，阿道夫・希特勒（一八八九～一九四五年）登場了。他在一九二一年成為國家社會主義德國工人黨（納粹黨）黨魁，主張《廢除凡爾賽條約》、反猶太主義。一九二三年十一月，他企圖以啤酒館政變（Bierkeller-Putsch）篡奪政權，但最終失敗，被判入獄。之後德國經濟一時復甦、回穩，再加上簽訂《羅加諾公約》（一九二五年）、加入國際聯盟（一九二六年），德國看似在國際上受到寬容的接納。

然而一九二九年爆發的經濟大恐慌亦波及德國，使德國無法再從美國借貸資金。大量人民陷入失業、貧困的混亂之中，以希特勒為首的國家社會主義運動開始擴張勢力。

不幸的是，致力於與戰勝國和解的優秀總理，古斯塔夫・施特雷澤曼（Gustav Stresemann）也在同年去世。希特勒的政黨於一九三二年成為第一大黨，隔年希特勒亦成為總理。他成功活絡經濟而博得民眾支持，但禁止其他一切政黨、壓制工會，基本人權也幾乎等同消失。

元首希特勒身兼總理與總統，掌握所有大權，他同時得到軍隊的最高統帥權與國防軍，並組織衝鋒隊（Sturmabteilung）、親衛隊（Schutzstaffel）等。一九三三年十月，德國退出國際聯盟；一九三五年一月收復由國際聯盟管理的薩爾地區，同年三月恢復徵兵制；一九三六年三月廢除《羅加諾公約》，進駐萊茵蘭；一九三八年十月，併吞位於奧地利、捷克與波蘭國境山地的蘇台德地區，同時與奧地利合併；一九三九年三月入侵捷克斯洛伐克，同年九月入侵波蘭……最後引發第二次世界大戰。這場大戰持續了五年半，造成五五〇〇萬人死亡，歐洲成為一片荒土。

希特勒在國內亦展開暴政，也就是迫害、屠殺猶太人。一九三五年九月制定了《紐倫堡法案》（*Nürnberger Gesetze*）的兩條反猶太法律，首先《帝國公民法》（*Reichsbürgergesetz*）中規定，僅有德意志人及其近親者才擁有公民權，並授予完全參政權（相當於剝奪猶太人的公民權）；《德意志血統和榮譽保護法》則禁止猶太人與德意志人及其近親者間發生婚外性行為，同時也禁止猶太人雇用四十五歲以下的雅利安人女傭。

往後數年間，納粹黨強迫大量的猶太人移居國外並沒收其全財產，但一九四一年六月爆發蘇德戰爭，使強迫移民政策受阻，最後轉為實施「猶太人問題的最終解決方案（Endlösung der Judenfrage）」。所有猶太人被一一逮捕送進集中營，以毒氣室等方式殺害、「解決」他們。一般認為，在這場大屠殺中，被殺害的歐洲猶太人高達六〇〇萬人。

著迷於漂鳥運動的年輕人們

那麼，納粹德國理想中的「德意志人」又是哪個人種、民族呢？

答案是「金髮碧眼、體格高大的人種，繼承了從上古流傳至今，純正血統的健康人類」的雅利安人。其中年輕人為肩負德國未來的世代，特別受到納粹關注。

一九二六年，納粹設立了希特勒青年團（Hitlerjugend），德國境內所有十四～十八歲的青年都能加入（一九三九年後變成所有青年的國民義務），屬於納粹親衛隊（SS）底下的組織。他們讓年輕人從事運動、軍事訓練、社會服務活動、露營等活動，以成為健壯的士兵。另外也有十～十四歲的少年團及青少女聯盟，在納粹黨獨自運作的設施內接受「如德意志人般思考、行動」的教育。

希特勒青年團除了紀律化的軍事訓練，也相當重視野外露營活動，讓人不禁想到其與「漂鳥運動」（Wandervogelbewegung）之間的關係。實際上，漂鳥運動在納粹時代被希特勒青年團組織吸收合併，由此也可窺見其關聯性。

漂鳥運動是什麼樣的運動呢？這個運動誕生於十九世紀末～二十世紀初的柏林，之後遍及德國各地，目標是培育身心健全的年輕人、鼓吹愛國主義，於一九〇一年正式成立組織。主要活動為親近大自然，花費一天或半天，成群結隊地於森林或農村徒步旅行，有時甚至會持續數週。成員們穿著短褲、背負沉重的背包，甚至抱著吉他，到了晚上便燃起營火，合唱傳統民謠或是跳民俗舞蹈。

成員們抱持著浪漫的自然崇拜心情，以及對古日耳曼的憧憬，似乎也曾前往雄壯山岳或廣闊荒野，但主要活動場所還是在有人類來往的附近森林或草原、原野、山地。因不需攀登高山的裝備、訓練、體力，因此較接近健行。他們也時常借宿古堡，據說這就是現代青年旅舍的起源。

其實漂鳥運動即使在鼎盛期，整個德國似乎也只有不到三萬名青年參加。但可以確定的是，就算不是正式成員，若包含偶爾參加該運動，或是從事相似運動的年輕人在內，也算是一場席捲眾多年輕人的運動，之後仍陸續帶給年輕人有形或無形的影響。

德國體操運動

這邊也一併介紹在漂鳥運動之前，還有一個運動是為了解放德國而提倡的振興全民運動，這運動是由傾向極端民族主義的楊恩（Friedrich Ludwig Jahn，一七七八～一八五二年）所發起。他認為德國之所以會被拿破崙攻占，原因在於傳統運動文化的衰退，因此他聚集同伴、獲得年輕人支持，計畫復興運動文化，該運動即稱為「德國體操（Deutsches Turnen）」，也是一種青少年教育活動。

楊恩於柏林郊外建造了運動場，稍微修整過自然草原，再收集用於賽跑、標槍、跳躍等的用具。接著依各項目一一進行團體運動，據說到了一八一〇年代末期已有一五〇個場地，一二〇〇〇人參與活動，運動之外還能在集會所交朋友、親近彼此也是受歡迎的原因之一。

受到楊恩思想影響的學生們組成「學生聯合會（Burschenschaft）」，以大學為據點展開愛國主義相關活動。一八一七年十月，數百人聚集在德國中部圖林根森林內的瓦特堡，紀念並慶祝在萊比錫近郊的戰役中戰勝拿破崙（一八一三年），提倡實現德國統一與自由。

之後的一八一九年，梅特涅視學生聯合會為危險運動而嚴禁，體操活動也慘遭全面禁止。直到一八四二年解除體操禁令後，各地馬上成立體操俱樂部，進行各種運動與交流。而且為了展示訓練成果，開始舉辦互相競爭的體操節，到了一八六〇年已演變成全國性規模的德國體操節（Deutsches Turnfest）。可說是透過體操，伴隨著愛國主義的儀式，讓參賽者與觀眾感受到德國統一與帝國的歸屬感。

這個「德國體操」運動也關係到現代德國人喜愛運動，以及運動俱樂部組織的高參與率。至於漂鳥運動所帶來的影響，則是令德國人現在也十分喜愛漫步於原野或山地，並將之做為生活中的固定習慣。

健全的林業

自古以來，德國人一直認為「森林是守護人類的存在」，森林充滿了愛與正義。到了近代，浪漫派的詩人們也歌頌著森林的美麗與正確性。在《格林童話》中，漢賽爾與葛麗特差點在森林的糖果屋被邪惡巫婆吃掉，最後這對兄妹得救，巫婆被燒死，所以森林是會區分善惡的。

森林不只能提供木材、幫助治水，也是德國人靈魂的歸宿。正因為如此，即使一時因過度開發而變得荒蕪，人們也竭盡全力復原森林。

到了近代，人們開始了解樹木特質，有別於以往一口氣砍伐所有樹木、破壞生態系的採伐方式，從一九〇〇年代初開始，邊維持樹木種類與樹齡的多樣性，採取接近自然的採伐方式。這麼做不僅可省去處理因害蟲枯死的樹木或施肥的費用，也不再有寸草不生的空地。各式各樣的樹木與雜草、灌木形成層次，創造出豐富的生態系，也較能適度維持野生動物的數量。

其實日本的國土約三分之二為森林，是世界屈指可數的森林國，卻一味種植日本柳杉及日本扁柏等針葉樹，而且種樹目的在於取用木材，但有不少森林卻遭到棄置。另一方面，德國國土的森林覆蓋率為三十一％，但森林裡混和著赤松、雲杉等針葉樹林及山毛櫸、橡樹等闊葉樹，十分均衡地栽培。不僅如此，砍下大根的木材（主伐材）後，其樹枝或疏伐材、加工產生的木片或木屑也毫不浪費地使用，如做成紙漿或木柴、木片、木質顆粒等，這些可再製成家具、酒桶、其他建築材料，還可做為工業用材，甚至普遍用於各個家庭暖氣的熱水供給系統。

德國不只是毫不浪費地使用豐富森林資源，大部分市民也將森林做為休憩場所使用。基於將森林視為生命、生活之源的想法，德國人會計畫性地培育、管理森林。無論是哪座森林都有步道縱橫交錯，也有能讓人在途中休息的山屋或板凳，道路標示也相當齊全，市民們能輕鬆進入森林。在森林能散步、慢跑、健行、騎腳踏車或騎馬、摘採山菜或果實等以紓壓、調養生息，因此他們致力於維護管理森林及保育生態系。

此外，森林狀態良好就能保育土壤，而且眾所皆知，森林有助於調節氣候（防止全球暖化）、減少二氧化碳，還能涵養水源，擁有蓄水池般的作用，所以在森林健全之地不會有洪災。

德國山岳地帶的雨量極大，積雪也不少，而森林就像調節閥一樣，可避免讓大量水流一口氣流入河川。森林底下像是水壩般儲存著地下水，並一點一點地少量釋出，均衡地供給河川水分，還能維持湖泊等滯留性水分、濕潤土壤表面的表層水分。在受到森林包圍的河川流域中，則可做為防波堤預防強風豪雨造成的天災或土石流。而且只要森林能發揮過濾作用，即可保持良好水質。

德國的森林可分為邦有林、自治團體林和民有林。不適合用來經營事業的險峻山岳地帶等，則由各邦進行自然保育與管理，其他可由民間管理的則採取民營化。中世紀時國王與教會擁有的廣闊森林，現在則轉為國有林、邦有林等由公家管理。

林業在德國非常受歡迎，森林學也相當興盛。德國人認為，應由熟知當地森林生態、擁有豐富專業知識的森林管理局、林區管理處之森林官員負責管理、培育森林，可見，地方主權的機制似乎仍現存著。而且德國的林業為僅次於汽車、電子、機械等產業之一大主要產業，在經營上也十分完備，跟同樣擁有廣闊森林卻沒有好好經營的日本有如天壤之別。

森林保育與生態系統

從前面的各種解說，可以知道德國的政策是將維護森林視為整個大自然的保育核心，德國境內各處都有水源林、自然保護林的原因也是在此。此外，有森林圍住田地，便可避免肥沃的表土流失，可說是若沒有森林便無法維持農業。

德國之所以致力於實現永續性的森林機能，也是為了保護整體自然的生態系統。不論植樹還是採伐，皆會考量到樹的年齡與種類間的平衡來進行管理，由林區管理處仔細注意每棵樹、巡邏每個角落，在人力及預算上可說是不計成本。農藥的使用也限制在最低用量，以避免造成土壤、森林損害，同時也不砍伐有鳥巢的樹，讓樹木能自然進行世代交替（更新）。也就是說，他們認為最重要的事在於維持固有物種所形成的生態系統。

前西德在一九七〇年更改憲法，首次將「環境保護」的法律概念加入憲法中。接著制定國土保育法，各邦不同的森林法，變得能以國家規模統一施行具體政策。

雖然地方主權能夠針對各自的區域立即採取因應對策是極大的優點，但若要有效率地進行大規模的保護政策，還是以國家規模進行為佳。但不論是各邦還是整個國家，花費龐大的預算，以鋼鐵般的意志進行自然環境保護，實在很符合德國的作風。

無意識的地層

到目前為止，跟「自然」有直接、間接關係的德國思潮，已跟各位介紹過希德嘉・馮・賓根的自然論、浪漫主義與其中的自然崇拜，以及赫爾德的有機自然觀。接著來談二十世紀代表性心理學說的精神分析學與深層心理學。其代表人物為奧地利的西格蒙德・佛洛伊德，以及瑞士的卡爾・榮格，雖然不是現在的德國，但同樣都是德語圈，因此可視為廣義的德國。

圖6-1　佛洛伊德

佛洛伊德在一八五六年出生於摩拉維亞的弗萊貝格（現為捷克領土），一九三九年於倫敦去世，幾乎一輩子都住在維也納進行研究。佛洛伊德主張，「人類在日常生活中仰賴著『意識』，也就是自我的意識，這樣的人們互相結識即為正常的人際關係，並被視為社會。但實際上表現出這種『顯性內容』的意識之後或是之下，還存在著擁有『潛在內容』的潛意識世界（das Vnbewusste），而這部分也深刻地決定了人際關係」。

他認為，潛意識的世界中有慾望的「本我（Es）」在蠢蠢欲動，當然平常會被自我意識檢閱、壓抑，甚至是忘卻，但正是這個潛意識的世界深刻決定了人類的精神。

人類的心就像地層一樣，最深處即為潛意識，他認為將這一層挖出地表很重要。若以個人史來說，即是以「回溯」至幼兒期的母子關係為目標。此即稱為「深層心理學（Tlefenpsychologie）」，對於讓人不舒服或不安等心理，產生深度關係、直接面對，或是受到束縛、感到害怕，雖然是一種病理分析，但可藉此讓人類退化至幼兒，因此精神分析又像是一種「精神的區域地理學、考古學」。

另一方面，榮格在一八七五年出生於瑞士圖爾高州的小村莊，一九六一年於蘇黎世湖畔的屈斯納赫特（Küsnacht）去世，父親為一名新教牧師。他在巴塞爾接受中等教育及大學教育，之後進入蘇黎世著名的伯格赫茲利精神病院（Irrenheilanstalt Burghölzli），開啟他的精神科醫師職涯。他曾與佛洛伊德一同合作，但在第一次世界大戰後決裂，於是他邊在自家為患者看診，邊發展自己的學說。

榮格認為患者的幻覺、妄想或夢境，都表現出屬於人類集體潛意識的普遍象徵，比佛洛伊德所主張受到意識壓抑的潛意識領域更加深入。他提出了許多這樣的高普遍性原型（表象可能性），以及在夢中或各民族神話中帶有具體形象的原型形象。相較於佛洛伊德回溯至個人史的幼兒期，榮格則是採取回溯至人類起源的手法。

圖6-2　榮格

我們可以理解到，佛洛伊德及榮格的深層心理學，帶有德語圈心理學家所特有的基本態度——**挖掘精神之深厚地層**。

這裡也一併介紹二十世紀最為知名的哲學家——馬丁・海德格（Martin Heidegger，一八八九～一九七六年）。他不僅終其一生都在黑森林，連大學放假時也總是隱居在森林裡的農村小屋，與自然交流、深入思考、進行研究，因此亦被取了「黑森林哲學家」的暱稱。他在《具創造力的景色：為什麼我們留在鄉間？》（*Schöpferische Landschaft: Warum bleiben wir in der Provinz?*，一九三三年）這篇文章中敘述到：「我的工作，都是受到這些高山與農夫們的世界所支持、引導」。

因此可以確定，海德格與佛洛伊德、榮格在不同意義上，也是以「自然」為思考的泉源。然而令人震驚的是，他醉心於希特勒，並發表讚揚納粹德國的演說。這兩者的共同點，或許跟德意志民族，以及他們與自然的獨特相處方式信念有關。

畢竟在針對被納粹尊為英雄，遭槍決的義勇軍士兵追悼演講（一九三三年）中，當時擔任佛萊堡大學校長的海德格表示，「這位義勇兵透過槍口，用他的心眼遠眺黑森林的高山、森林與峽谷，為了德意志民族及其帝國而死去」，並讓學生代表發誓對希特勒的忠誠。

「音樂國度──德國」的神話

直到十九世紀半，德國仍有三百多個小邦國分立，統一後仍然無法變成像中央集權的國家，地方分權制依舊根深蒂固，各地的文化政策、語言（方言）依舊存在。實際上，德國少有如歌德或托瑪斯・曼（Thomas Mann，一八七五～一九五五年）等具代表性的世界文學作品，卻有為數不少的地方文學，因此也曾被認為跟這樣的地方主義有所相關。

不過在音樂方面就完全不同了，因為音樂有突破區域限制，傳遍各地的力量，德國也一直以「在音樂上我們是歐洲各國的表率，被崇敬為音樂之國」自豪。

其實這似乎並非發源自古代的想法，關於德國被視為「音樂之國」的來龍去脈，在吉田寬的《〈音樂之國德國〉的系譜學》（《〈音楽の国ドイツ〉の系譜学》，全三冊）有詳細論述。

根據其內容，其實到十七世紀為止，人們似乎都還認為「義大利才擁有完全、優秀的音樂風格」。十七世紀前半，不論是實踐還是理論方面，義大利都被視為歐洲音樂的中心，其他國家只能向他們學習。到了十八世紀，義大利歌劇稱霸全歐洲，甚至使英國及德國的國民歌劇萌芽受挫，不過在這個世紀，從各種民族音樂挑選優秀曲子進行「混合」，變成「普遍的」喜好。

德國（現為奧地利領土）的莫札特將義大利風格、法國風格與自己固有的風格融合，創作出世界音樂。所有人都喜愛他的作品，變成民間普遍的喜好，因而讓德國成為他國仿效的對象。

有趣的是，基於自然與德國（人）關係深厚的論點，有人主張「音樂並非模仿自然，自然本身即為自然的普遍語言，因此不含歌詞或歌聲，只有樂器聲的純音樂為佳」。這種思考方式是由之由浪漫主義音樂美學家，瓦肯羅德及霍夫曼建立。「器樂之國德國」的概念與身分認同，在一七七〇年代成立，確立於十九世紀，因而德國性同於普遍性，海頓也被視為一名偉大的作曲家。

不過十八世紀後半以後，特別是十九世紀時，赫爾德的民眾＝民族精神論逐漸散布開來，人們開始覺得「混合喜好」為不純的事物。赫爾德在《民歌集》（*Volkslieder*，一七七八～一七七九年）第二部的序論描述，「民眾走在自然的道路上，健全地思考、感覺才是來自神引導人們的良心之聲。民眾是比知識分子更接近自然的被造物，那是理想的、已經失去的存在」。

對赫爾德來說，音樂是構成人類精神最原始的藝術，畢竟連不會說話的嬰兒都會唱歌。那是民族感情最純粹的表達，表現出民族整體的和諧情感，因此身為德意志精神主要推手的作曲家十分偉大，巴哈便做為最初的偉人復甦，在德國音樂的最後階段，達到歐洲音樂史巔峰的則是貝多芬的交響曲。

在下個階段登場的是理查・華格納（Wilhelm Richard Wagner，一八一三～一八八三年）。他繼承了赫爾德的華格納，將民族（Volk）從國民（Nation）區分出來並視其為更高層次的概念，他認為「國民與國家（Nation）為人工構成物件，民族則是身為普遍人類的民眾＝民族」。

正因為德國很晚才建立起民族國家，民眾並沒有自己是屬於一個國家國民的認知，反而是區域民族性在意識中不斷成長。但說到「德意志民族」時，雖然並非具體可見，那即是想像有個更大更深的集體，彷彿一面鏡子將日常的自己映照於上，也是填滿類存在的人類與現實中分散的個人之間的基礎。能夠超越平凡且人工的國民性，到達人類普遍性的正是「民族」。

因此華格納創作出扎根於真正民眾、民族性的樂劇，試圖營造理想的德意志。

以上是參考《〈音樂之國德國〉的系譜學》所整理出的內容，這邊我想再做點補充。華格納所追求的「民族」音樂，我認為也可說是以跟「民族」化為一體的「自然」為泉源的音樂。華格納的作品，大多是從中世紀的傳說中獲得靈感，自己在每部作品也同時負責作曲與作詞。他融合了造型藝術、詩、音樂等類別，以綜合藝術（樂劇）為目標，但也追求更接近根源的德意志、日耳曼元素，因而更加接近「自然」。

最具象徵性的例子，便是《尼布龍根指環》中的登場的齊格飛。他遠離世俗的名利、社會權謀，是在森林裡長大的天真孩子，在劇中是負責再次統合原本已分裂之人類與自然的角色（圖6-3）。

圖6-3　天真無邪的齊格飛

托瑪斯・曼是現代德國的代表性作家，他也曾表示「若無德國性格豈能是音樂家」，有過多次連結音樂與德國人的發言。其代表作《浮士德博士》（*Doktor Faustus*，一九四七年），便是這種想法的結晶。這部作品描述了德國靈魂代表人物，作曲家阿德里安・雷維庫恩（Adrian

Leverkühn）為主角的故事。故事背景是根植於民族性的血腥國家展開暴行，目光炯炯有神的青年們組隊行進，大眾也沉浸於無比的幸福感中，以在這時代背景下，阿德里安總是避開俗世與他人，窩在受到沼澤地或森林牧草地包圍的農舍，或是山岳地帶的旅舍裡作曲或思考。在這部作品中，音樂與自然同樣也是德國人靈魂的代名詞。

「德國也從十九世紀開始才被視為普遍通用（非民族音樂）的音樂之國，之後便以音樂這種看不見的內在藝術為媒介，德國的近代國家、國民＝民族主義被構築成美學，並超越現實的分裂狀態成為國家認同」——雖然我也想贊同吉田的想法，不過我更希望能強調這種音樂與自然的深厚關係，而非僅止於意識形態。

「清潔的帝國」

在本章的開頭已為各位簡單講解了德國歷經第一次世界大戰的災難與敗北後，德國人如何被逼到絕境、又是如何受到納粹思想吸引。納粹與希特勒的行為是種罪過，而且是滔天大罪，但他們的所有作為在那之後並非完全遭到否定。

其實最近的研究發現，現在的生態學思想繼承了在納粹時代積極推動的法制、運動。前面已稍微講解了一部分，接著再稍微將時代往回推，繼續來看看吧。

在德國，人們會將廚房整頓乾淨，如幾何學或數學般合理化使用方式，但不太會花時間在料理的內容、外觀或滋味上。一天當中的飲食以午餐為重，因此會開火烹調，但晚餐則為了不弄髒廚房而只吃冷食，也就是麵包、沙拉、起司、火腿等。以整理乾淨為烹飪的最終目的，是德國人現在仍舊遵守的飲食習慣（Kaltes essen），這種習慣始於威瑪時期，在納粹時代（一九三三～一九四五年）確立。

根據藤原辰史的《納粹的廚房》（ナチスのキッチン）所寫，納粹黨領導的第三帝國曾被稱為「清潔的帝國」。這是在表現第三帝國以性向問題、人種主義為主要標的，也就是將猶太人稱為「寄生蟲」而進行排除之暴行中。然而家庭主婦們也被列為負責實現「清潔的帝國」之一員，連家庭中都被要求除去多餘物品，展現出清潔的空間，如清除、消滅廚房的髒汙或害蟲，或是烹飪後必須將剩餘食材依目的進行再利用等等。

希特勒終身不菸不酒，而且茹素。他的部下親衛隊首領希姆萊、副元首魯道夫・赫斯等也大多茹素，十分注重健康。納粹不但推行反酒精、反吸菸運動，在預防醫學上也不遺餘力，保持身體健壯，試圖建立「健康的國家」。

男性以成為健康士兵、女性以成為守護家庭的健康母親為目標。德國人會計算食物的營養價值、比起肉更推薦食用大豆、認為全麥麵包因富含纖維質而有益健康且有助於消除便祕……等，跟現今日本健康風潮下的宣導是相同的。以上即為《納粹的廚房》第五章〈廚房的納粹化〉部分摘要。

狂熱的潔癖與大規模國民運動結合，便產生了「排除異己」的悲劇。納粹為了培育強健的國民，將潔癖與衛生學、健康運動結合。法國作家兼外交官的戈比諾（Joseph Arthur Comte de Gobineau，一八一六～一八八二年）認為，「人種混雜會引來文化的衰退」，而納粹相信他的人種論，認為西洋文明已威脅到德意志民族，所以傾向民族至上主義，重拾基督教以前的日耳曼世界觀，主張人種主義的民族主義。

納粹將雅利安人、北日耳曼人視為「優秀人種」，德意志民族共同體（Volksgemeinschaft）為了進行純粹的育種，彼此互相協助，如兄弟般親密地共同生活，排除猶太人，以及同樣被視為「劣等人種」的身心障礙者、精神障礙者、體質虛弱的人等，連共產主義者、社會主義者也不例外，一律被送至集中營並虐殺。即使是沒有被送至集中營的人，若遭判定為「有遺傳性疾病」的患者，便基於優生學被施行絕育手術，據說有高達四十萬名受害者。這一切都是為了遵從保護德意志人的「血統法則」。

不過雅利安人原本是語言學上的分類，是屬於印歐語系的人種、民族之總稱，但希特勒擅自將其限定為北歐區域，南亞的印度人等則完全被排除在外。

納粹為了擴大德國（人）的版圖而開始入侵東方，最初預定農村需要一八〇萬人，城市則需要二二〇萬人的拓殖者。他們強制波蘭人、猶太人移民或將其趕盡殺絕，是一項壯大、強化「血液高價值」之德意志民族的計畫。接著將該地的民族性徹底德意志化、不使用化學肥料導入有機農業，並將當地景觀修建為「日耳曼風格的景觀」。藉由建設鐵路、運河、道路、城市、農村，建造住宅地、防風林、農田的綠籬、岸邊斜坡的植栽等，或是將濕地排水，甚至試圖栽種出混合林的森林，把拓殖地改變成如同故鄉般的環境。

在我來看，這就像是將過去的東向移民運動，以及腓特烈二世進行的自然改造，再次殘忍地覆蓋在「東方」般的政策。

納粹與自然保護

在納粹時代，建設高速公路（Autobahn）時也與自然做出融合，致力於保護、修護景觀。高速公路於一九三三年秋天開始建設，在一九三五年五月已局部開通法蘭克福到達姆斯塔特，直到一九四一年末停止建設為止，完全開通的路段不到三千九百公里。

建設高速公路時，不僅重視中央分隔島與道路兩旁的植栽，同時保護兩旁廣大的森林、利用景觀設計或植栽覆蓋、保護表土、重新建造並修復森林邊緣部分、排除冰冷的混凝土等，顧慮到各個方面。建好的公路呈現出自然起伏的優美曲線，兩旁充滿綠意，能邊欣賞美景邊享受舒適的兜風（圖6-4）。

納粹不只是在高速公路建設上主張自然與景觀保護，許多自然保護、環境保護的立法也是在納粹時代完成，如禁止虐待、保障動物權利的動物保護法（一九三三年成立，效力至一九七〇年為止）、帝國自然保護法（*Reichsnaturschutzgesetz*，一九三五年）、森林荒廢防止法（*Reichswaldverwüstungsgesetz*，一九三四年成立，效力至一九七五年為止）等，都是在納粹時期所制定。此外，雖然沒有制定完成，但一九三六年已有帝國森林法案的草案。自然環境保護的風潮正是在納粹時期興起，然而一同成立的相關法案卻是嚇人的絕育法及人種主義法。

圖6-4　高速公路

不過也有人提出，與其說是從納粹時期開始，不如說納粹只是繼承了威瑪共和國的傳統。事實上，早在納粹的鄉土保護運動以前，十九世紀末開始已廣泛進行著類似運動——與民俗文化保護相關的風景、景觀保護運動，如一九〇四年由音樂家恩斯特・魯道夫設立的「德國家鄉保護協會（Deutschen Bundes Heimatschutz）」，受到民眾廣大支持。

這種鄉土保護運動與自然療法崇拜、動物愛護、順勢療法*、反酒精及反吸菸運動等也有所交集，並由德國中產階級市民、教養市民層擔任主要推手。因此納粹是繼承了已存在的自然保護運動，再於各領域將其法制化。

市民農園運動

這邊也順便跟大家介紹承租一小塊園藝用地的「市民農園（Kleingarten）」（市民菜園）運動。市民農園最初是為了讓城市貧民階層能自給自足、用來種植食用植物的菜園，但從一八三〇年代起，為了補足因工業化、都市化而減少的綠意，德國各地的大都市開始發展綠化事業。綠化事業持續發展到二十世紀，亦為十八世紀後建造之自然風景式庭園增補步道。

但一八七〇年代以後，更加傾向於做為富裕市民階層休憩的場所。那時開始流行起由居民照顧其周圍花壇的園藝活動，剛好也與當時的自然療法熱潮結合。從十九世紀末至二十世紀初，市民農園的小屋也曾被當作住宅使用，以做為大都市居住問題的部分解決方案，不過這只是一時的狀況。

於是人們重新建構綠意環境，規劃都市公園、庭園，並建造綠地的綠帶（Green belt）。人們本就認為「園藝能提高人類道德心，亦可修養精神、使身心健康」，因此在上級階層的市民間，所有人都會一同參與。

圖6-5　市民農園

十九世紀末開始，德國的學校也為了園藝作業而設置許多花壇。一般認為，讓學生自行操作、學習，加深對自然的理解便能提高道德心，因此開始種植蔬菜、果樹、花卉、藥草、香草。

像這樣從十九世紀開始的德國各地綠化事業，以及前面提到的鄉土保護運動等嘗試，可以說是由納粹繼承並徹底實

＊註：順勢療法（Homöopathie）是由哈尼曼（Samuel Hahnemann）創立。為一種自然的治療方法，以物質稀釋後的超微劑量，來治癒疾病。

施。希特勒在其著作《我的奮鬥》（*Mein Kampf*）第一部第十一章〈民族與種族〉中，提到自然的法則——在這個自然中，對於普遍、適當種族純粹化產生衝動的結果，並不單是各個種族對外部進行的嚴格界線設定，自己內在也擁有一定的本質特性。正因為這種自然觀與異常的種族、民族思想結合，才會演變成社會破壞。

為了將虛構的「純粹民族」「高等人種」化為現實，納粹德國出現了各種妄想，以虛偽的科學利用血統與自然，例如強迫數百名全裸的人們擠進偽裝成「淋浴間」的毒氣室，再噴射強烈毒氣殺害，之後把屍體堆進微波爐般的爐子裡，淋上重油燃燒，再從屍體取得油脂製成肥皂，血液、排泄物、骨灰也做成肥料，實行包括人體在內的「有機農法」……將這樣的大屠殺與「自然愛護」或「生態學」化為一體，實在是令人不寒而慄。

第 7 章

從經濟大國到環保大國

參加豐收節的孩子們

上一章大致介紹了第二次世界大戰前的德國史，最後一章來看看戰後的歷史發展。

歐洲中的德國

第二次世界大戰後，德國國民及歐洲全體誓言「不要再掀起戰爭、絕不讓納粹般恐怖的極端民族主義勢力崛起」，並實現於戰後補償、新制定的多條法律中，最重要的是成立了歐洲共同體（EC）與歐洲聯盟（EU）。戰後德國的政治、外交基本方針也變為「歐洲中的德國」，而非「德國的歐洲」。

一九四五年五月八日，德國無條件投降，被美、英、法、俄四國軍隊占領。波茨坦會議中，與會國一致贊同德國的去納粹化、廢除軍備、分散經濟能力、實施民主主義教育等事項，並付諸實行。

德國不被允許有統一政府，蘇聯在所占領區域建立了東德，因此德國被分裂為東德（德意志民主共和國）與西德（德意志聯邦共和國）。西德制定新憲法《基本法》（*Grundgesetz*）於一九四九年五月生效，東德也與其抗衡，制定德意志民主共和國憲法於同年十月生效。

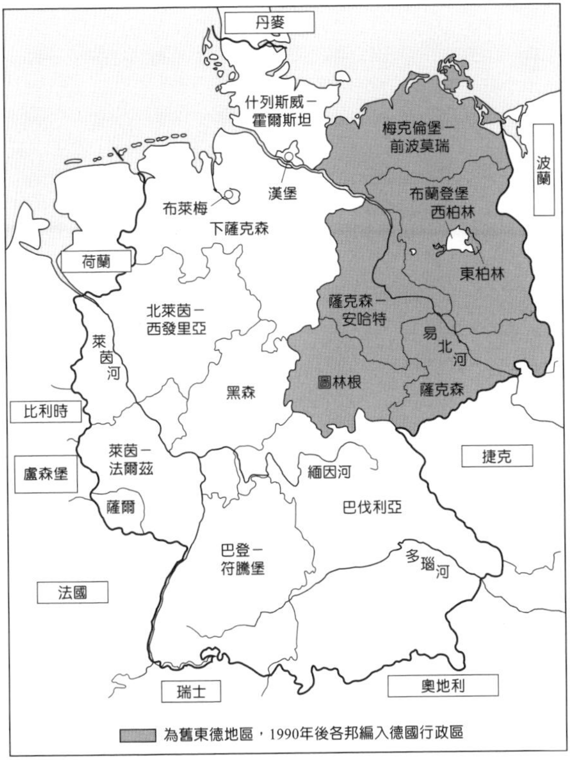

圖7-1　第二次世界大戰後的德國

被德國合併的奧地利於一九五五年恢復主權。另一方面，多達一千二百萬名德國人被趕出波蘭、匈牙利、捷克、斯洛伐克，費盡千辛萬苦逃入東西德。

不穩定的狀況依舊持續，一九四八年二月二十五日布拉格發生政變，蘇聯開始採取向西進攻的態勢。西方各國一同抵制，最後於一九四九年簽訂《北大西洋公約》，並成立北大西洋公約組織（NATO）。

西德於一九五五年恢復主權並加入NATO，進行再武裝。此外，因美國推行的「馬歇爾計畫」，西德在復興上獲得了援助，再加上經濟部長艾哈德採取以公平市場秩序為基礎的自由主義經濟，創造了「經濟奇蹟」。

在美國、蘇聯、亞洲各國陸續崛起的局勢中，歐洲各國變得衰弱，為了提高並維持在世界上的存在感，歐洲各國強烈體會到團結的必要性。艾德諾於第二次世界大戰後立即成為西德總理，他踏實地推動復興，並於一九五〇年三月提出「德法聯合」方案。另一方面，法國也為了與德國合作發展法國經濟，同年五月由法國外交部長舒曼發表「舒曼計畫」。

之後，簽署成立歐洲煤鋼共同體（ECSC，一九五一年）、歐洲原子能共同體（EURATOM，一九五七年）以及歐洲經濟共同體（EEC，一九五七年），接著將這三者統合，於一九六七年正式成立歐洲共同體（EC），從最初的六國不斷新增會員國。

接著在德國柯爾政權（一九八二～一九九八年）下，以其外交部長根舍為中心，與法國總統密特朗共同合作，一九九一年於馬斯垂克決定將歐洲共同體強化為歐洲聯盟（EU），並於一九九三年十一月生效，會員國也持續增加中。在這樣的歐洲統合過程中，德國（西德）與法國扮演著關鍵角色。

德國再次統一

即使是政治體制、意識形態不太有改變的東德，獲得西側經濟與物資上的助益後也慢慢有所變革，雙方國民的德國再統一夙願便浮上檯面。

蘇聯高層幹部希望維持東德做為華沙公約組織戰略同盟國的身分，但東德國民深受西側魅力強烈吸引，事態在短時間內迅速發展。一九八九年十一月九日，區隔兩國的柏林圍牆倒塌，隔年十月三日德國完成統一。

從經濟來看，一九五〇年代以後，由於有美國「馬歇爾計畫」的援助，西德經濟有飛躍性的成長，在廢墟之地改建全新工廠並引進最新設備，西德製品的高品質更令世界各國稱羨不已。一九五〇年至一九八〇年間的經濟成長率竟高達三三五四％，十分驚人。

一開始如累贅般的舊東德經濟也開始有明顯成長，慢慢趕上當初落後的進度。德國的經濟成長為歐洲第一，德國製品的競爭力在國際上也不斷提升，成為歐盟最重要的經濟大國。德國的人口與經濟能力在歐盟也是首屈一指，每當歐元面臨危機，即使背負著沉重負擔，依然為了歐盟的存續與團結持續奮鬥。

德國像這樣在現代歐洲中已占有一席之地，並持續增加其存在感，但本書反覆強調的地方自治、習俗、傳統等地方色彩依舊強烈。從神聖羅馬帝國經一八七一年的統一傳承至現代，在政治上之表徵即為地方政府的邦或城市擁有較大權限的「聯邦制」。

在兩德統一的現在境內共有十六個邦（Land），與聯邦政府共同分擔職務，但各邦在教育、文化方面以獨自的方針施政，其他還有財政、警察等各方面負責多項職務。另設有「聯邦參議院」（Bundesrat）調整、連結各邦權限或責任，集合各邦政府代表進行審議。

然而，歐盟雖然在經濟上已統合，但政治上的統合仍處於相當初期的階段。若持續進行統合，也會成為聯邦制嗎？總是因分裂而苦惱的德國，此時或許就能活用自身的經驗。畢竟回頭一看，抉擇過「要帝國還是民族國家」「要大德意志主義還是小德意志主義」，甚至在中世紀小國分立……走過這般歷史的德國，現在正位於「中心」，支持著歐盟。

雖然德國的Land（邦國／邦）在民族主義的時代處於陰影當中，但考慮到接下來的歐盟會面臨到的情勢，應該會受到矚目。在國境相對化的現在，我認為將邦國連結成網絡，並廣布至整體歐洲便可使歐盟更加充實。

能否克服過去

德國看似一帆風順，但並非已解決所有的問題。從西德時代到統一的現在，德國不斷與歐洲鄰近各國對話，為自己過去犯下的罪行贖罪，邊直視歷史邊努力「克服過去」。即使如此，仍舊出現了試圖減輕、相對化德國的罪行，在學問上做出危險研究，以及排斥外國人運動。

目前已知德國約八千一百萬人的人口中，約兩成的人是移民。特別是從兩德統一時開始，來自東歐的德裔回歸者或申請庇護者增多。

但直到二〇〇五年首次實施移民法為止，德國一直不認同自己為「移民接納國」。另一方面，因一九九九年成立、二〇〇〇年生效的新修訂國籍法，縮減了屬人主義並導入部分的屬地主義，在此之前是一直墨守著屬人主義。由此也可看出，德國不論是法律還是心理層面都尚未做好接納移民的準備。

許多來自土耳其、義大利、波蘭、希臘、克羅埃西亞、塞爾維亞、俄國等國家的人們進入德國，外國移工及其家族不斷增加。但因直到近年的屬人主義，居住於德國的外國人，其子女即使在德國出生，無論到了幾歲都無法取得德國國籍。反倒是居住於國外，而且沒有德國國籍的人，只要能透過血統、語言、教育、文化等要素確認擁有德國特質，就能被認同為德國人。

之後因前述的新修訂國籍法及二〇〇五年生效的新移民法，歸化的人數大增，在法律上也減少了差別待遇。但在生活上，只要持續存在「要成為德國人就必須歸屬德意志民族，外國人絕對無法在文化層面的意義上成為德國人」的民族觀念，德國就無法在真正的意義上接納移民。

也就是說，他們必須否定「歷史上自然形成的德意志民族」。從我們在本書一路看下來，漫長又深遠的傳統重量來思考，就知道這不是件容易的事。只要對照一下在日本的外國人或移民接納狀況，相信是不難想像的。

不過，最近（二〇一五年）德國展現積極接受敘利亞難民的態度，讓我不禁認為自己的預測說不定會意外失準。或許在不知不覺中，德國將成為模範的「移民接納國」。

遲來的國家

那麼，德國的歷史本質是什麼呢?德國般的國家又是什麼樣的國家呢?以下來探討這件事，以為本書《德國不思議》做總結。

從十世紀至十九世紀，德國（地區上）在相當長的一段時間內有過輝煌又權威十足的「帝國」，但就像德國的猶太裔社會學者普萊斯納（Helmuth Plessner）所稱的（借用尼采的話）「遲來的國家」（oie verspätete Nation），這情況同時也與地方分立及欠缺民族國家是密不可分的關係。

由希臘羅馬與基督教思想合體之政治人文主義，在十七世紀使西歐各國變成更強大的國家，之後這些列強掀起帝國主義的世界分割狂潮，同時代的德國卻反而是帝國衰退。德國雖然受惠於景氣，幫助各邦國快速工業化，但市民階層的發展受阻，統合國民的力量十分微弱。

在政治方面，也因沒有啟蒙主義及人文主義的支持，天主教逐漸衰退，再加上其歷史觀崩毀後受到的精神打擊，讓自己在歷史上站不住腳。於是帝國只能留在民眾的回憶中，其實體已不復存在。然而另一方面，他們卻也沒有成熟到能夠實現民族國家。

德國直到相當後期，也就是一八七一年才成為統一國家。在這之前的國界，暫且不提面海的北側，南側與東西側一直以來也都沒有明確的界線。不僅如此，甚至沒有像巴黎或倫敦一樣的國家中心都市。

在帝國時期，義大利曾是德國的一部分，甚至在其他時期時連奧地利、匈牙利、瑞士、荷蘭也是德國的一部分，到了哈布斯堡帝國甚至連西班牙都是。國界之所以不時擴大縮小，無法安定的原因，在於這些地方有各種部族、民族來往或定居，以及常與鄰國起爭執。

在十九世紀的統一運動中，產生大德意志主義與小德意志主義的對立。選擇大德意志主義，就是放棄柏林，以維也納為中心維持榮耀的帝國名稱，同時也等同於無法延續近代初期德國精神棟樑的馬丁・路德精神；而選擇小德意志主義，則無法繼續傳承天主教的文化傳統，必須放棄相當於神聖羅馬帝國鄉愁據點的維也納。

但若不選擇這兩個方案，採用「民族自決」，以德意志民族建立一個國家，便會破壞其他國家（波蘭、奧地利、瑞士、法國）。雖然都不是最佳解決方案，但最終還是如前述，選擇小德意志主義，以普魯士為核心，完成德國統一。

遲來的創造性

普萊斯納在著作中表示：「我們德國人是遲來的一群人，我們無法挽回身為國民在歷史上的延遲，但這個遲緩並不單意味著命運不順遂。這個遲緩經常伴隨著外在無能，是創造的可能性，同時也喚起內在能力」（摘自《遲來的國家》，*Die verspätete Nation*），這裡提到的「遲來」「延遲」「遲緩」，便展現在近代藝術偏頗的發展上。前面也已提到，德國的近代小說並不發達，但這反而助長了沒有語言與形象的音樂，做為適合他們的表現形式發展。

而且在德國，新教的文化理念產生作用，他們也藉由音樂來表現因孤獨與深度而無法用言語簡單表達的事。也就是說，德國人無法想像沒有「深度」的文化，所以德國文化的精華便是哲學與音樂。

德國的知識分子，將個人存在賭在世界觀的深度上，這便是與重視個人主義、表層論理、交談等的法國、英國、美國極大的不同。

不過戰後價值觀有所變化，德國年輕人受到美國吸引，開始在跳舞咖啡廳中跳起搖滾舞，甚至流行起口香糖、可樂、T恤、皮外套、牛仔褲，也出現許多貓王或披頭四的狂熱粉絲。圍牆倒塌後，電子舞曲「Techno」（發源自美國底特律）在柏林大受歡迎，夜店文化席捲大街小巷，這也是德國精神有了大幅改變的證明。

與自然的深厚關係

德國人固有的「有深度」的文化，是經由漫長「歷史」培養而出，但與此密不可分、創造並支持該文化的則是「自然」。這裡的「自然」是一種理念、意識形態，並持續影響著德國精神，但在另一方面，這樣的理念與意識形態的背後，則有著與現實森林、山川、大地、礦物、溫泉、綠地等，各種自然實體與場景的深厚、親密相處或運用，這件事我們也在本書中敘述過。雖然是理念，但試圖追求與其具體對象的接觸，就很有德國風格。

這與日本人深愛花鳥風月的淡淡風雅感性不同。雖然同樣都是喜愛、崇拜「自然」，但德國更富有行動力，身體力行地向下挖掘、振翅高飛。

具體的自然即為森林、高山、河川，或許也可全部合稱為「大地」。這樣的自然，在近代以前，對人們來說並非能夠鑑賞的美麗景觀，而是擁有可怕力量的不知名存在。然而德國人不論情勢多麼嚴峻都與自然面對面，認為應該馴服、利用自然，並以身心靈進行交流。

德國人遵循著這股精神，從中世紀初期開始積極運用森林與河川。近代初期以後，對於山也以礦山開拓為中心，抱持相同志向，持續邁進。當然，這對各地城市、邦國的經濟或社會發展也都有所助益。

而且這樣的態度，首先催生出日耳曼的諸神神話，接著是妖精、野人相關的民俗傳承，還建立起與大地、礦物、植物相關的鍊金術、自然學思想。

到了近代，德國因缺乏知識市民層，又受到福音主義信仰束縛，導致啟蒙主義無法滲入，反倒是興起了浪漫主義，並藉此培養出特有的自然審美觀。內在性、根源性、對戰爭的狂熱、深度思考等，漸漸與德國人的性格結合，並時常以森林山川等自然為媒介。而這樣的自然與民族幻想重疊，幫助地理上、歷史上都無法定義的德意志民族為自我定義。

德國現實中的「統一」雖然由普魯士達成，但那也意味著德國近代的政治可能性，在於沒有漫長歷史的東方邊境，易北河及其東側未開發的土地，也就是在於「殖民地」。換言之，在這個過程中，德國（人）也是必須靠未開發的「自然」這股助力才能團結。

與政治結合的危險性

近兩千多年來，德國人不僅將具體自然運用於自己的生活，並與自然有著深度的精神、身體交流。這幫助他們擺脫政治不安定、不確定之搖擺狀態的不安，甚至給予他們安心感、驕傲感與榮譽感。

德國既沒有像巴黎及倫敦般的中心地，也沒有可以依靠的希臘、羅馬傳統或天主教傳統，又被無數邦國分散，德國人唯一能認同為自己歸宿的，便是模糊卻有根源性的自然風景，充滿生命與生存本能躍動的——身為個體的人類與其靈魂構成極小部分——有機世界＝自然世界。

因此到了十九世紀，德國興起了民族主義，展開一系列根源與自然，或是家鄉與祖國、血緣與地緣等強烈主張情感連結的宣傳。這可說是十分感性的民族主義，其本質便是因為對德國人來說，「自然」正是「家鄉」，若把它抽離，德國人將失去身為德國人存在的理由。

當時的思想家們如此深入考察獨特的自然觀，根據他們的說法，其「自然」跟「語言」有密切的關連，同時也主張「德國人的祖先——不同於其他日耳曼民族——一直停留在原本民族的居住地，並維持原本的語言」「只有德意志民族是自己的根源，培養出真正的固有文化」。

他們認為「語言」才是一個「民族」的基礎，並如同植物或動物般持續分化、成長，同時認為，「德國人在語言上也與自然的根源性相連，但其他民族接受了其他地方的語言，並從原居住地移動到其他區域，不但自甘墮落，連文化都停滯了」。

秉持這樣的思考方式便會演變成「所有使用德語的區域都應統一為德國」，而這樣的德意志民族中心主義，若與純血主義或世界主義結合會發生什麼樣的可怕後果，已由納粹德國赤裸裸地呈現在世人面前。

不斷向上

以自然或語言做為民族、國民的根基，優點在於能跨越任何政治立場，適用所有的德國人，因為人類的內在能與自然互補，克服政治上的分裂，導向祖國之愛。但那並非只是水平擴張鄉土愛，若因愛護身旁的自然產生一體化的感情（鄉土愛），便會拘限於地方主義，不適合統合民族、國民。

因此還需要另一個超越性的要素，不是水平，而是垂直的要素。前面也已提到，德國人有不斷往下挖掘內在的文化，畢竟與氣候溫暖又肥沃的南歐不同，他們必須與嚴酷的大自然對峙，而且因為沒有面對地中海與大西洋，無法藉由廣闊大海與其他世界、人們接觸，所以才使他們往自己內在挖掘。不過，對德國人來說，自然與彷彿躍上天空般的超越、崇高、翱翔等理念也有密不可分的關係。

比方說在中世紀的德國，人們建造了許多以尖塔為傲的哥德式教堂，包括科隆、烏爾姆、施派爾、史特拉斯堡等。有人說那代表著一種「森林」，內部的圓柱、角柱及延伸出去的肋材猶如樹木及其樹枝，外面的小尖塔則用以表現叢生的針葉樹林。

或許這樣的解釋也是合理的，但我倒是認為，德國之所以偏好建設垂直向上延伸的尖塔教堂，是為表現出德國人的意識特質——即使處於周圍被外牆圍住，無法水平擴張的城市空間中，仍不願畏縮於狹窄空間。嚮往高處、期望翱翔的願望，與對自然的獨特崇敬、意識，強烈地決定了中世紀以後德國與德國人的歷史，或許也可說是期望以天空為目標，前進、超越的願望。

雖然前面也已說明過十八世紀以後的山岳崇拜，但這邊再介紹另外一位更加明確表示憧憬高山的哲學家——是尼采（一八四四～一九〇〇年）。尼采有時會將自己比喻為登山者，如《查拉圖斯特拉如是說》（*Also Sprach Zarathustra*，一八八五年）第三部〈還鄉〉的章節中敘述，「人們不可攪動泥坑。人們應當住在山上。我用充滿至福的鼻孔，又呼吸到山上的自由！最後，我的鼻子從一切世人的氣味中被解放出來」。超人遠離凡人生活，唯有山岳才是適合他的住處。這是一種與「山頂是諸神的居所，神從山上下凡」這種傳統的——日耳曼的——宗教情感也相通的思考方式。

或許這種對「高處」的憧憬，一直以來影響著德國的國家形態。法國與英國（拿破崙除外）從未達到至高權威的「帝國」與「皇帝」，而德國則實際上從奧圖大帝的時代以來，將近一千年擁有「帝國」與「皇帝」。

圖7-2　德國的大教堂

然而，對這樣的權威與高山的憧憬，也以世俗化的型態與希特勒的國家社會主義結合。他住在位於上巴伐利亞的貝希特斯加登（Berchtesgaden）的山上別墅，穿著登山服現身，迎接爬到他別墅的「信徒」們。此外，在蘭妮・萊芬斯坦（Leni Riefenstahl）執導的納粹黨代表大會紀錄片中，希特勒搭乘飛機，往下降至等待他的大眾之處。

不僅如此，據說希特勒也十分關心艾格峰北壁的登頂者，以及喜馬拉雅山的南迦帕巴峰探險隊（Nanga Parbat）死者們*，不知道他是否期待能藉此加強自己與納粹的神話呢？

秩序的追求

德國常被稱為哲學之國或音樂之國。時常被指為德國哲學特徵的一點，即是試圖將現實與經驗視為整體，以統一概念掌握，建立出龐大的體系，在黑格爾（Georg Wilhelm Friedrich Hegel，一七七〇～一八三一年）的哲學中尤其可見這個特徵。在音樂方面，也以貝多芬交響曲等為典型，偏好建構式、按序進行的結構。這種對於秩序的追求，其實也是在對「自然」的態度中時常可窺見的特徵。

在日耳曼時代，以秩序與和平支配的村子，被視為人類與家畜的領域（家庭、耕地），也就是微觀宇宙；外部的混沌自然世界（森林、荒野、山、海），則被視為野獸或妖魔居住的宏觀宇宙，兩者有明確的區分。在之後的中世紀社會依舊保持這樣的思考方式，像是被外牆包圍的村子或城鎮，人們認為在這裡面，才能過著有法律與正義守

＊註：一九三七年此一探險隊的十六名成員均在山難中喪生。

護，讓人安心又井然有序的生活。

像這樣秩序與無秩序的區別，終究是喚起人們為無秩序的自然帶來秩序的衝動，在中世紀最明顯的表現即為森林的採伐、植樹、開拓與灌溉等。如第五章所述，到了近代人們的自然征服行動更加積極，尤其十八世紀後半～十九世紀，不僅是森林與荒野，亦對河川、湖泊、沼澤等水域進行改良、改造工程。

之後流行起市民農園時，同樣也是整齊劃分小塊園藝用地，並用心設置漂亮的建築物（門、柵欄、集會所、涼亭），為城市中的綠意建構秩序，再由納粹時代的自然保護運動、法制延續下去，這也是前面介紹到內容。

簡而言之，德國人認為自然像是探頭看著漩渦的深淵，又像是抬頭望著不可企及的高山般，有著無法接近，只能仰望、畏懼的一面。但會改造身旁觸手可及的自然，使其更加美觀，或是能更加方便利用，這樣的態度自古以來便明顯可見。或許也是想藉由徹底加工、統一、分類或秩序化身旁的自然，來安撫因不安定之社會、不穩定之身分認同所產生的不安。

對自然的這種態度，也反映在現代德國人的性格上。說到德國人的性格，就讓人想到勤勉、節儉、遵守秩序與紀律、愛乾淨、完美主義等，實際上，許多德國人的確在家庭或辦公室的整頓、清潔上十分用心，在各種類別的組織也傾向追求整體的徹底管理與統合。

邁向環保先進國家

最後，一起來看看現代德國的環境保護政策。

西德將改善魯爾工業地帶之空氣汙染視為當前目標，一九六〇年代末期以後開始正式推行自然環境保護政策。接著，在德國社會民主黨的總理布蘭特（Willy Brandt）執政下，提出「環境保護計畫」，以保護大氣、土壤、水質、動植物等生態系為主要目標。到了一九八〇年代開始徹底執行垃圾減量政策，一九九一年制定《包裝廢棄物減量命令》，一九九四年制定《循環經濟與廢棄物管理法》。根據上述法令，包裝與容器製造、流通業者有義務負責回收與再利用垃圾，普遍讓國民有「將包裝限制到最小」的共識，成效良好。

此外，能夠自產能源，或是毫不浪費地使用能源的環保建築也受到萬眾矚目，政府也十分推崇，並與環保村、環保城市計畫合作，讓人期待今後的發展。

與環境相關、特別引人注目的政治動向，則是綠黨的運動及其在政壇上的發展。該黨受到一九七〇年代環境汙染，以及森林枯萎後乾燥白化等問題觸發，於一九七九年創立。創立成員於八〇年代前半主張根源性的價值觀轉換，對技術的科學進步抱持不同意見，並時常訴求產業社會的變革。

綠黨的動向，除了質疑核能、推崇自然能源，也影響了社會民主黨。一九八〇年代初期綠黨首次進入聯邦議會，受到發覺高度經濟成長之負面影響的人們支持，持續壯大勢力。綠黨在地方自治體與各邦也確實紮根，並於一九九八～二〇〇五年間與社會民主黨共同執政，施行資源回收系統等環境保護政策。

但綠黨也並非一路順遂，在核能政策上就曾受到魯爾工業地帶的勞工們反對。不過一九八六年春天發生車諾比核災事件後，人民對於核能的不信任感擴大，綠黨的支持率也隨之高漲。廢止核能發電受到產業界，尤其受到製造業界反對，德國電力業協會（VDEW）也不甚支持，即使到了二十一世紀，政府策畫的退出核能發電計畫也遲遲無法實行，甚至反而延長核電廠運轉年限。但國民的反核意識極高，再加上遊行人數眾多的壓力，終於以福島核災事件（二〇一一年）為契機，總理梅克爾領導的德國基督教民主聯盟決定退出核能發電，讓事態有了重大轉折。

在這樣的政治環保政策背後，有國民們愛好環保、愛好自然的因素支持著。即使經過兩次大戰，市民農園依舊蔚為風潮，靠著每位居民的努力守護都市的綠意。一九九〇年德國統一時，東西德的市民農園相關組織聯合組成龐大的「德國農園愛好者聯邦聯盟」，在這個世紀初的時間點，約有一萬五千二百個協會所屬，約一百萬塊區劃土地由所屬會員管理，使用者則約五百萬人以上。

此外，德國人民對食物、化妝品、香皂、清潔劑等各種物品都追求「有機」，其原因之一便是七〇年代末期反覆發生的食安事件。化學製品汙染大地與河川，進入人類的食物與飲料中；農地也因使用化學肥料、殺蟲劑、除草劑，使大地失去自然結構，對農產品產生不良影響。受到這些事的衝擊，讓人們首重追求「有機」。

二〇〇一年起，在聯邦糧食、農業暨消費者保護部（BMELV）的支持下，德國掀起自然食品的風潮，約四千家「Reformhaus」（德國健康食品店）於全國展店，販售通過嚴格檢測的自然食品及自然化妝品、自然藥品。另外還有十分受歡迎的連鎖藥妝店「dm」遍布全國各地，販售德國女性們愛用的自然化妝品、身體保養品。德國人這般愛好環保、愛好有機、熱衷於自然保護的特質，演變為國家、國民運動，成為世界的典範。

雖然以環保先進國家聞名，但期望德國不會再度陷入非理性的深淵，在自然之名下詛咒、制裁或鎮壓人們；也期望他們不會拋棄滲透《基本法》（憲法）之不可侵犯的尊重人權思想，以及國家權力的所有根據來自國民之民主主義理念。於先前的大戰中，跟德國結盟的日本也還有許多要學習的事。

德國從兩次的大戰學到教訓，這次總算讓議會制民主主義確實落地生根、受到一般市民接受，並成為超越國家政治體「歐盟」之中心成員，我相信德國現今依舊傾心於民族與自然，但也更加重視理性，不會再次陷入過去的非理性主義或惡魔般的思考迴路。

結語

同樣由日本岩波出版的拙作《吃出來的義大利史：推動義大利千年歷史的義大利麵》與《甜點裡的法國：把甜蜜當武器的法蘭西歷史文化（世潮出版）》，都是以食物為開端觀察該國的演變歷程，我也不是沒有想過用一樣的方式來敘述德國。

但馬鈴薯、香腸或是啤酒，似乎都只能用來有趣地講解一部分德國史，所以最終我放棄了食物。而且我也認為，如果沒有極度喜愛、尊敬或是感動該事物感到——即使提到暴政或迫害，如果沒有對犧牲民眾的追思——便無法描寫歷史。因此我必須在此承認，我對於德國的食物，無法像對義大利的義大利麵或法國的點心般充滿愛意。

於是經過多方思考、調查，最後我找到的即是「自然」，尤其是「森林山川」。在德國，不僅是文學，於音樂、繪畫方面，對於自然的描寫都是極為重要的因素。而且那並非單純是興趣，而是更加深入身心靈的關係。自然也不單是表現於藝術的象徵，或是思想家引以為據的概念，應該不會有其他國民像德國人一樣，喜愛眺望、進入現實中的自然，甚至不排斥對自然進行人為改造。

德國（人）揉合交錯精神上的自然與物理上的自然，從古日耳曼時代到現代走過兩千年歷史到現在。我期望能解開這般自然與歷史的緊密聯繫，並巧妙呈現給讀者，於是撰寫了這本書。不知道是不是成功了？

本書整體的視角、觀點，當然是來自於我本身，不過在執筆時，除了德文、英文書籍，我也參考了一些日文文獻。雖然無法羅列出所有參考過的書籍，但以下列舉的日文文獻，因自然或德國人相關理論的內容而引起我的注意，並給了我許多幫助。

・魚柱昌良《ドイツの古都と古城》山川出版社，一九九一年
・大野寿子《黒い森のグリム》郁文堂，二〇一〇年
・小塩節《ライン河の文化史——ドイツの父なる河》講談社　術文庫，一九九一年
・小野清美《アウトバーンとナチズム——景観エコロジーの誕生》ミネルヴァ書房，二〇一三年
・岸修司《ドイツ林業と日本の森林》築地書館，二〇一二年
・小林敏明《風景の無意識——C・D・フリードリッヒ論》作品社，二〇一四年
・成城大学文芸学部ヨーロッパ文化学科編《ヨーロッパと自然（シリーズ・ヨーロッパの文化①）》成城大学文芸学部，二〇一四年
・野島利彰《狩猟の文化——ドイツ語圏を中心として》春風社，二〇一〇年

・藤原辰史《ナチスのキッチン──「食べること」の環境史》水声社，二〇一二年
・穂鷹知美《都市と緑──近代ドイツの緑化文化》山川出版社，二〇〇四年
・吉田孝夫《山と妖怪──ドイツ山岳伝説考》八坂書房，二〇一四年
・吉田寛《〈音楽の国ドイツ〉の系譜学》全三巻，青弓社，二〇一三～一五年
・エリアス、ノルベルト（ミヒャエル・シュレーター編／青木隆嘉訳）《ドイツ人論──文明化と暴力》法政大学出版局，一九九六年
・キーゼヴェター、フーベルト（高橋秀行・桜井健吾訳）《ドイツ産業革命──成長原動力としての地域》晃洋書房，二〇〇六年
・ディーバス、アレン・G（川﨑勝・大谷卓史訳）《近代錬金術の歴史》平凡社，一九九九年
・ハーゼル、カール（山縣光晶訳）《森が語るドイツの歴史》築地書館，一九九六年
・プレスナー、ヘルムート（土屋洋二訳）《⊠れてきた国民──ドイツ・ナショナリズムの精神史》名古屋大学出版会，一九九一年

本書構想是由日本岩波書店編輯部的朝倉玲子小姐提出，在製作《吃出來的義大利史：推動義大利千年歷史的義大利麵》《甜點裡的法國：把甜蜜當武器的法蘭西歷史與文化》時也受到她多方照顧，但因為她請產假，本書的編輯作業便由同編輯部的塩田春香小姐接手。塩田小姐不僅製作地圖、挑選書中插圖，並指出我諸多不周到之處，實在

給她添了許多麻煩，在此由衷感謝。

此外，日本新潟大學教育學部副教授的小林繁子小姐在閱讀原稿後，針對德國史專業術語的確切用法，以及專有名詞的日文寫法給了我許多指教，在此也對她表達謝意。

雖然無法讓各位讀者邊閱讀邊感到「美味」，但若能讓大家感受到雄偉壯麗又深邃的自然姿態，並品嘗德國歷史的醍醐味，就是我最大的喜悅。

池上俊一

1871 建立德意志帝國，威廉1世加冕為皇帝

1874 **華格納完成取材自德國傳說的樂劇《尼布龍根的指環》**

1901 **漂鳥協會正式成立**

1904 **設立德國家鄉保護協會**

1914 第一次世界大戰爆發（～1918）

1919 制定威瑪憲法，威瑪共和國誕生

1929 發生經濟大恐慌（～1933）

1933 興登堡總統任命希特勒為總理

1933 **開始建設高速公路**

1933～35 **納粹黨制定自然、動物保護法**

1939 德軍入侵波蘭，第二次世界大戰爆發（～1945）

1949 西德議會理事會制定《基本法》，成立德意志聯邦共和國（5月）；東德頒布民主共和國憲法，成立德意志民主共和國（10月）

1955 西德恢復主權，加入NATO

1967 歐洲共同體（EC）正式成立

1980 **西德全國性政黨「綠黨」正式成立**

1990 東西德統一（10月3日）

1991 **制定《包裝廢棄物減量命令》**

1993 《馬斯垂克條約》生效，歐洲聯盟（EU）正式成立

2002 實施歐盟共同貨幣「歐元」

2011 **梅克爾政權決定逐步退出核能發電**

1756　腓特烈2世發布《馬鈴薯命令》

1756～1763　七年戰爭

1784～1791　赫爾德主要著作《人類歷史哲學的理念》發行

1785～1823　歌德頻繁前往溫泉地

18世紀末～19世紀前半　德國浪漫主義文學中偏好採用森林、高山、礦山、洞窟等為題材

1806　萊茵邦聯脫離神聖羅馬帝國，神聖羅馬帝國滅亡

1814～1815　維也納會議

1816　格林兄弟完成《德國傳說》，收集了許多自然相關傳說

1824　海因里希・海涅發表《羅蕾萊》

1834　成立德意志關稅同盟

1835　紐倫堡到福爾特間開通德國第一條鐵路

1840年代～20世紀初期　河川拖船業開始近代化並逐漸興盛

1848　召開法蘭克福國民議會

19世紀中葉～　德國工業化迅速發展

1850～1865　阿爾卑斯山登山運動之黃金時期

1850～20世紀初期　擁有豐富煤炭與鐵礦的魯爾區大幅發展鐵工業

1862　俾斯麥出任普魯士首相（～1890）

1866　普奧戰爭

1867　以普魯士為首組成北德意志邦聯（～1871），奧地利與匈牙利組成奧匈帝國（～1918）

1869　成立德國登山協會

1870年代～　市民農園運動興起

1870～1871　普法戰爭

11～13世紀　阿爾卑斯山多數隘口開始出現旅舍

1075　教宗格列高里7世與亨利4世展開敘任權鬥爭（～1122）

1150～260　希德嘉・馮・賓根完成《自然學》和《病因與療法》，主張「綠色生命力」的思想。

約12世紀中葉　東向移民運動興起

1152　腓特烈1世（巴巴羅薩）被選為國王

1226　條頓騎士團被許諾擁有普魯士領土

1254　王位空窗期（～1273）

14～16世紀　德國礦業快速成長

1347　黑死病大流行（～1350）

1356　查理4世頒布金璽詔書

約1440　古騰堡發明活字印刷術

1517　馬丁・路德發表「九十五條論綱」，發起宗教改革

1524～1525　德國農民戰爭

1525　農民提出「十二項要求」，主張對森林的權利

1555　簽訂奧古斯堡和約

1556　阿格里科拉完成《論礦冶》

1570～1640　獵巫行動達到顛峰

1618～1648三十年戰爭

1656～1661　格勞勃的著作《德國的繁榮》發行

17世紀末～18世紀　森林持續遭濫伐，開始研議復原計畫

1701　普魯士公國升格為普魯士王國（～1918）

1740　腓特烈二世登基為普魯士國王（～1786），瑪麗亞・特蕾莎登基為奧地利女大公（～1780）

德國史年表

（粗體字為與自然相關的年份、事件）

西元前約500～1000　日耳曼各民族開始從斯堪地那維亞半島南部移動，定居於德國北部

西元前113～439　日耳曼民族與羅馬人不斷發生衝突

9　在條頓堡森林戰役中日耳曼人戰勝了羅馬軍

約90～160　**羅馬人於萊茵河及多瑙河間興建邊牆**

約98　**塔西圖斯完成《日耳曼誌》，撰述「森林居民」的日耳曼民族**

375　西哥特人入侵羅馬帝國領土，日耳曼民族開始大遷徙

476　西羅馬帝國滅亡

481　克洛維1世就任法蘭克國王，開啟墨洛溫王朝（～751）

719　**波尼法爵前往德國地區傳教，砍倒日耳曼人視為神聖之樹的橡樹**

751　矮子丕平（丕平3世）就任法蘭克國王，開啟加洛林王朝（～987）

800　查理大帝受教宗加冕為羅馬人的皇帝

約9世紀～　**王公貴族們熱衷於狩獵，森林做為狩獵特權之地開始頻繁出現於史料**

804　查理大帝征服薩克森人

843　法蘭克王國依凡爾登條約被分割為三部分

870　東西法蘭克王國簽署墨爾森條約瓜分洛林地區，界定了現今法國、德國、義大利的基本疆域

962　奧圖1世加冕為羅馬皇帝，建立神聖羅馬帝國（～1806）

11～12世紀　**以萊茵河為首，大河沿岸陸續建立城市**

國家圖書館出版品預行編目(CIP)資料

德國不思議：從森林、山川探索德意志的文化與哀愁 / 池上俊一作；林俞萱譯. -- 初版. --新北市：世潮, 2020.06
面；公分. --（閱讀世界；32）
ISBN 978-986-259-071-3（平裝）

1. 德國史

743.1 109004860

閱讀世界 32

德國不思議：從森林、山川探索德意志的文化與哀愁

作　　者 / 池上俊一
譯　　者 / 林俞萱
主　　編 / 楊鈺儀
編　　輯 / 陳怡君
封面設計 / Chun-Rou Wang
封面圖片 / "Icon made by Freepik from www.flaticon.com"
出 版 者 / 世潮出版有限公司
地　　址 / （231）新北市新店區民生路19號5樓
電　　話 / （02）2218-3277
傳　　真 / （02）2218-3239（訂書專線）・（02）2218-7539
劃撥帳號 / 17528093
戶　　名 / 世潮出版有限公司
單次郵購總金額未滿500元（含），請加80元掛號費
世茂網站 / www.coolbooks.com.tw
排版製版 / 辰皓國際出版製作有限公司
印　　刷 / 傳興彩色印刷有限公司
初版一刷 / 2020年6月
二刷 / 2022年2月

I S B N / 978-986-259-071-3
定　　價 / 350元

MORITOYAMATOKAWA DE TADORU DOITSU SHI
by Shunichi Ikegami

Originally published in 2015 by Iwanami Shoten, Publishers, Tokyo.
This complex Chinese edition published 2020
by Shy Mau Publishing Group (Shy Chaur Publishing Co., LTD.), New Taipei City
by arrangement with Iwanami Shoten, Publishers, Tokyo